JN436468

낮은 가지에서도 꽃은 피더라

낮은 가지에서도
꽃은 피더라

이창숙 에세이

인북스

책을 펴내며

○

흔히 인생이 짧다고 하지만, 내 인생을 뒤돌아 보면 80여 년이라는 시간이 짧다고 생각되지 않는다. 이 시간을 공간으로 환원하면 저 우주 뒤쪽에 있어, 보이지 않는 별처럼 멀리 있는 것 같다.

서울의 서촌에서 태어나 유아기에 8·15 해방을 맞았고, 초등학교 시절 6·25전쟁을 겪었다. 대학 2학년 때 4·19 데모에 참여했으며, 신문기자를 하던 때 유신 독재와 싸웠다. 민주 항쟁의 시기, 최루탄 속에서 살며 언제쯤 최루탄 연기에서 벗어나나 하며 괴로워했다. 나중에 촛불 혁명의 성과도 봤다. 지내 놓고 보니 끝없을 것 같은 고통도 변화하는 시기가 온다는 것을 깨달았다. 이제 과거가 뒤돌아 보인다. 어찌 이걸 짧다고 하겠는가.

유신 독재 시절, 30대 초에 한국일보 노조설립의 주동자로 해고되었다. 신문기자 11년 차 때였다. 7년여의 소송 끝에, 결국 신문사로 돌아가지 못했다(그 사연은 이 책 뒤에 부록으로 실었다). 40대 초에 불교 공부를 시작해서 1994년 동국대에서 박사학위를 받고 시간강사를 몇 년 했다. 내 전공에 관한 책을 한 권 썼다. 그 책으로 상을 받았다. 아마도 신문사에서 해고되지 않았으면 불교 공부는 못했을 것이다.

신문기자를 계속한 나와, 불교 공부를 한 나, 둘 중의 하나를 고르라면, 나는 불교 공부를 한 내가 더 좋다. 박사학위를 하고, 책을 쓰고, 상을 받았기 때문이 아니라, 불교를 공부하면서 나의 삶이 달라졌기 때문이다. 용심(用心)과 하심(下心)을 배웠다. 매 순간 싸구려 마음을 안 갖도록 노력한다. 이쪽 창문이 닫히면 저쪽 창문이 열린다는 건 맞는 말이다. 저쪽 창문이 원래 내 길이었던 건지는 모르지만.

신문사에서 쫓겨난 후 나는 명함 한 장 없는 비정규직과 전업주부로 살았다. 그러나 그것 때문에 불행하지는 않았다. 명함은 없었지만, 시간이 있었다. 내 마음대로 쓸 수 있는 시간이었다. 혼자 지내는 시간이 좋았다. 관광 시즌도 주말도 아닌 날에, 호젓하게 산사(山寺)에 다닐 수 있었다. 적막한 산속 암자 마루에 앉아 앞산을 바라보며 멍때리다 올 때도 있었다. 깊은 산속에 있는 절의 대웅전에서 혼자 밤새워 절도 했다.

서울은 아직 겨울인데 남쪽 산에 오르면 봄이 들어 있는 바람꽃이 맞아준다. 그 바람꽃이 위로를 줬다. 때로 스님이 다려 주시는 차를 마시며 담소했다. 다실 밖에서는 산죽이 바람에 비벼대는 소리가 지나간다. 이런 시간의 추억을 간직하고 있다. 대학 친구들과 서구로, 동구로, 일본으로 여행도 많이 다녔다. 사람으로 태어나서 한 번은 가봐야 한다는 히말라야 연봉도 보고 왔다. 스페인의 '순례자의 길'도 걸었다.

미국에 이민해서 살다가 죽음을 앞둔 오빠가 나를 찾았을 때, 오빠에게 달려갈 수 있었다. 시간에 얽매이지 않았기 때문이다. 오빠가 죽음을 맞이하는 방식을 보면서 감동하고, 그 방식을 배웠다. 지금 돌이켜 보니, 그 넉넉했던 시간은 내가 받은 인생의 선물이었다.

80대에 에세이집을 낸다. 다시 읽어 보니 그동안 내가 어떤 생각을 하며 살았는지가 한눈에 보인다. 나로서는 한평생 최선을 다해 살아온 흔적이라 해도 좋겠다.

그걸 책으로 묶는 것은 무슨 기록을 위해서가 아니라, 사람들과 생각과 경험을 나누기 위해서다. 어떤 인연으로든 이 책을 만나 읽는 단 한 사람이라도, 나의 이야기가 작은 공감과 위로를 줄 수 있다면 보람이겠다. 에세이를 써보라고 격려해 준 홍사성 《불교평론》 주간께 감사한다. 그의 은혜가 크다.

2024년 6월

이창숙 합장

목차

○

낮은 가지에서도
꽃은 피더라

2.

3.

5.

부록

○

《1974년 겨울-유신 치하 한국일보 기자노조 투쟁사》

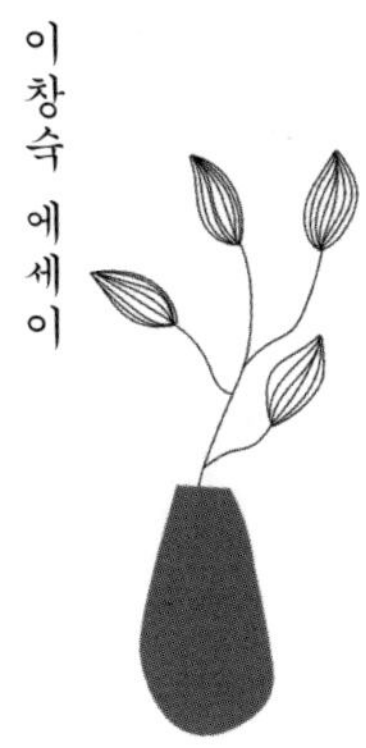

1.

하루씩 살아간다

제비꽃과 봄 감기

산나물

전나무 숲길

왕년에

위로에 대하여

가장 큰 선물

하루씩 살아간다

연말이 되면 대형 서점의 문구 판매대가 젊은이들로 북적인다. 특히 새해 수첩을 파는 코너에 젊은 여성들이 많다. 문방구라면 그냥 지나치지 못하는 성정이라 나도 그 속에 슬그머니 끼어들어 훑어본다. 요새 우리나라에도 해외의 명품 플래너, 공책, 수첩들이 들어와 있다. 고급품은 20만 원이 넘는 프랭클린 플래너도 있고 헤밍웨이, 고흐, 피카소가 즐겨 썼다는 몰스킨 공책, 가죽 커버에 고무줄로 허리를 묶어 편리하고 고급스러운 시아크도 있다. 내가 좋아했던 물품들이다.

진지하게 수첩을 고르는 젊은이들의 마음속에서 꿈틀대

는 새해에 대한 꿈은 어떤 것일까. 알 것도 같고, 모를 것도 같다. 설사 아무것으로도 채우지 못한 바람 빠진 풍선 같은 한 해를 보냈더라도, 새해에는 다시 한번 헛바람이라도 넣어 보려는 게 젊음이다. 젊음은 아름답지만 이뤄야 할 숙제가 있으니 고단한 시절이기도 하다.

나는 몇천 원짜리 국산 수첩 하나를 사 들고 문구 판매대를 빠져나온다. 취향이 있고 값비싼 수첩에 걸맞은 스케줄이 이제 내게는 없다. 탁상 달력 하나면 족한 백수의 스케줄이 있을 뿐이다.

지난 몇 년 동안 해가 바뀌면 같은 종류를 새것으로 갈아 쓰고 있는 수첩이다. 세일도 하는 평범한 수첩이다. 평범하지만 그 적절함이 내 용도에 맞아서 쓴다. 새 수첩을 열면서 지난 수첩을 주르륵 훑어보니 간단하게 하루 생활을 적는 칸에 하루도 빈칸이 없다. '어제와 같다'라고 한 줄이 적혀 있는 날도 있다. 우리의 하루라는 것이 매일 길게 쓸 일이 있는 게 아니잖아, 그것이 정직한 기록이야, 라고 나에게 점수를 주었다.

내가 이렇게 수첩을 채우기로 한 동기는 뭐 대단한 이유가 없다. 기억력이 감퇴하기 시작하면서부터 하루 이틀만 지나면, 내가 어제 뭐 했지? 그저께 뭐 했지? 하고 되돌아볼

때, 도무지 생각이 안 나는 일이 잦아졌기 때문이다. 어제라는 시간, 그제라는 시간이 바람에 날아가 허공이 되어버린 듯한 허망함.

어떤 날은 우리 집 거사에게 내가 어제 뭐 했지요? 하고 물었다가, 내가 그걸 어떻게 알아? 하고 핀잔을 듣기도 했다. 당연한 얘기다. 아무리 한집에 산다 해도 어제 내가 한 일을 왜 룸메이트에게 묻나.

자서전을 쓸 것도 아니니까 잊어버려도 아무 상관이 없는데, 기억을 못 하는 나 자신에게 찜찜한 기분이 드는 것은 피하고 싶다. 늙었으니까 그렇지 뭐, 하면서 넘어가고 싶은 유혹도 느낀다. 그런데 매사를 이렇게 늙었다는 것으로 핑계를 삼고 넘어가는 것은, '나는 늙었어' 하는 것을 내 잠재의식에 입력시키는 행위가 아닐까. 컴퓨터에 자료 입력하듯이 그렇게. 늙었는데 젊은 척하기는 싫지만, 늙은 것을 매번 강조하면서 살 필요야 없지 않나. 그래서 생각해 낸 것이 수첩에 적는 거였다. '그 친구를 내가 언제 만났지?' 하고 궁금해지면 수첩을 펴면 되니까, 그 순간 기억을 못 하는 내게 기분이 나빠질 일은 없다.

무슨 방법을 쓰든지 그것이 남에게 피해를 주는 일이 아니라면 기분이 저조해지는 일은 안 하고 싶다. 기력이 떨어지기 시작하면서 작은 일이든 큰일이든 기분이 나빠지는 것이 젊었을 때보다 훨씬 많이, 그리고 빠르게 몸에 영향을 미친다는 것을 눈치채기 시작했다. 마음의 평화를 유지하려고 노력해 온 결과 얻은 작은 해결책이다.

어느 선승(禪僧)이 그랬다.

“앞산의 경치를 보고 싶으면, 내 집의 앞 담을 낮게 쌓아라.”라고.

이런 동기에서 시작했지만, 매일매일 그날의 일을 짧게라도 기록하다 보니 덤으로 묻어오는 것이 있다. 5분, 10분간 적으면서 그날의 일을 돌아보게 된다. 미워했던 일, 화냈던 일, 짧은 한마디로 상처 주고 상처받은 일, 발밑을 살피면서 가야 하는 산길에서 다른 생각에 골몰하다가 넘어진 일 등. 일이 벌어진 그 순간에 정리가 안 되었던 마음의 찌꺼기들을 걸러서 버리는 시간을 갖게 된다. 그날 다 버리지 못하고 다음 날로 끌고 가는 일도 많지만, 그건 내일 또 청소하기로 하고. 내일도 안 되면 모레 하고.

미래가 불확실한 나이에 와 있다. 내일이 없다고 해도 지나친 말이 아니다. 그런데 이렇게 단정 지을 수만도 없는 것이, 재수 없으면 오래 산다는 말도 있지 않은가. 젊었을 때는 대수롭지 않게 여겼던 하루하루의 무게가 이즈음에는 만만치 않게 느껴진다. 몸과 마음을 누른다.

노년을 사는 지혜랄까, 지금이야말로 어떤 방식이 필요한 시점이 아닐까 하는 생각이 든다. 노년의 삶이란 극복하기보다는 타협하는 삶이라고 생각한다. 내 몸과 마음에 하루씩을 걸고 타협하는 것, 이즈음 내가 선택한 방식이다.

'노년에는 이렇게 지내야 한다' '건강에 무슨 음식이 좋다'고 회자하는 그 많은 정보들, 지키지 않으면 무슨 소용이 있으랴. 말의 잔치일 뿐이다. 내가 지키고 싶고 지킬 수 있는 최소한의 몇 가지만을 정해서 그 루틴을 지켜나가는 거다. 아무리 하찮은 일이라도 매일매일 계속하면 그 나름의 의미가 있겠지. 매일매일 하는 것의 힘을 믿고, 그날까지 가 보는 것이다. 그렇게 하루씩, 하루씩 살아간다.

《불교평론》 2021년 겨울호

제비꽃과 봄 감기

우리 동네 한강 둔치가 정비되지 않았던 몇 년 전, 어느 날 강변에 나갔다가 강변의 둑을 따라 꽃들이 피어 있는 것을 발견하고 깜짝 놀랐다. 둑을 덮고 있던 시멘트 덮개를 벗겨 내고 난 후 벌어진 일이다. 이름도 제대로 모르는 각종 꽃이 풍성하게 무리 지어 있었다. 먼 나라에서 찾아온 아름다운 손님들 같았다. 얼마나 반갑던지. 봄부터 여름까지 꽃 잔치가 계속되었다. 비밀의 화원 하나를 갖게 된 듯 매일 나가서 꽃을 봤다. 여름이 와서 꽃이 시들 때까지. 그때 마침 디지털카메라가 새로 생겨 사진 찍는 재미에 빠져 있던 때라 사진을 찍었다. 친구들과 어울리던 인터넷 카페에 올렸다. 친구들은 너희 동네 강변에 꽃들이 이렇게 풍성하냐고 감탄했다. 좋은 동네에서 산다고도 했다.

다음 해 초봄 제비꽃을 보러 강변에 나갔다. 제비꽃이 피는 계단의 틈새가 이발한 것처럼 깨끗하게 정비되었다. 정비 공사를 하는 분들이 잡풀을 제거하면서, 제비꽃도 쓸어버린 거였다. 일하는 분들에게도 그 나름의 사정이 있겠지만 너무 섭섭했다. 이럴 수가! 그다음 해에도 또 다음 해에도 제비꽃은 없었다. 이제 봄이 와도 우리 동네 강변에서는 제비꽃을 볼 수 없구나! 봄이 오면 제비꽃은 내게 그리움이 되었다.

봄 들어 며칠간 감기몸살을 심하게 앓았다. 한 이틀 앓고 나면 되겠지, 했는데 그게 아니었다. 초기에 집에 있는 약을 몇 번 먹다가 몸도 앓아야 할 이유가 있으니까 앓는 거겠지 싶어서 그냥 앓아버렸다. 병원에도 가지 않고 물과 비타민C만 먹으면서 죽도록 앓았다. 병원에 안 갔다니까, 친구가 감기를 우습게 알면 안 된다고 충고했다. 내가 무슨 통뼈라고 감기를 우습게 알겠나. 다만 나는 우리 몸에는 자연치유력이 있다고 믿는 편이다. 뼈가 부러졌는데 자연치유력을 믿으면서 병원에 가지 않는 건 안 되지만, 감기 정도는 앓으면서 몸을 쉬게 하는 것이 내 몸에 대한 대접이라고 생각한다.

몸이 내게 좀 쉬고 싶다고 신호를 보내는데, 그 신호를 무시하고 재빨리 병원으로 달려가서 주사 맞고, 독한 약 처방받아 먹어서 쉴 새도 주지 않고 싶지는 않았다. 어쨌든 몸과 마음의 관리를 소홀히 해서 균형이 깨진 것이니, 앓는다는 것은 몸에 대한 반성의 시간을 갖는다는 의미도 된다. 일주일 앓고 나니 몸도 마음도 가벼워졌다. 뭔가 내 속에 있던 독이 빠져나간 것 같았다.

가벼워진 기운을 믿고 봄바람을 쐬러 강변으로 산책하러 나갔다. 어떤 분이 계단의 틈새에 렌즈를 대고 뭔가를 찍고 있었다. 혹시 제비꽃? 가까이 가서 보니 계단의 틈새마다 제비꽃이 잔뜩 피어 있다. 이 반가움, 네가 돌아왔구나! 얼마 만이냐! 인간이 잘 모르는 생명의 신비, 그 연속성을 새삼 깨닫는 순간이었다.

봄에 피는 꽃들, 목련이고 산수유고 개나리고 진달래 등은 그 자리에 있어 피면 그냥 볼 수 있다. 제비꽃은 작은 틈새를 뚫고 수줍은 듯이 나온다. 찾지 않으면 놓친다. 잘난 꽃들 속에서 자신이 없어서, 남 앞에 내놓을 게 없어서 수줍게 겨우 얼굴만 내미는 듯한 꽃이다. 제비꽃을 보고 있으면 마음이 애잔해진다. 그래서 나는 제비꽃을 좋아하는지도 모르겠다.

다음 날 카메라를 들고 강변에 나갔다. 계단 틈새에 핀 제비꽃들을 찾아서 한 포기 한 포기를 모두 다 찍다시피 했다. 며칠 후면 질 텐데 그게 너무 아까웠다. 사람만 영정사진 찍으라는 법이 있냐. 자, 너희도 영정사진 찍어 줄게. 수줍게 피었다가 너무 빨리 지는 그 짧은 생명의 시간. 사진이라도 남기고 가거라!

가벼워진 기운을 너무 믿은 탓인가, 돌아와서 며칠을 더 앓았다. 시대가 거칠어서인가, 감기도 질기고 독한 것 같다. '아픈 만큼 성숙한다'는 말이 젊은이에게만 해당하지는 않을 터이다. 젊은이에게는 정신적인 면이 강조될 터이지만 노인에게는 몸이 말하는 것 아닌가 싶다. 한 번씩 앓으면서 조금씩 더 외로워진다. '사람은 철들수록 외로워지고, 외로워질수록 현명해진다.'라고 하지 않던가. 아프면서 외로워지는 것, 그리고 하나씩 포기하는 것, 그것이 노년이 아닐까. 제비꽃은 돌아오고, 노인은 앓고, 어쨌거나 봄날은 간다.

《문학의 집 · 서울》 2023년 4월호

산나물

• 오대산 이야기 1 •

5월의 오대산에는 특별한 것이 있다. 산나물이다.

몇 년 전 진부면에 세컨드 하우스를 가지고 있는 이가 있어서 친구 몇이 다녀왔다. 사월 초파일이 며칠쯤 지난 5월이다. 하룻밤 자고 났는데 집주인이 월정사 입구 상가에 단골 산채 음식점이 있는데, 그 집에 가서 브런치로 아침을 먹자고 제안했다. 예약해 놨다고 한다. 아침 햇살이 밝게 비추고 있는 식당에는 아직 손님이 없고, 주인아주머니는 주방에서 우리에게 먹일 나물을 만들고 있었다. 슬쩍 주방에 들어가 나물 무치는 것을 봤다. 엇그제 노인봉(오대산 입구에서 주문진으로 빠지는 진고개길 정상에 있다)에서 채취했다는 취나물을 데

쳐 소금 간을 맨 먼저 했다. 소금 간을 왜 맨 먼저 하느냐고 물으니, 그래야 나물에 간이 골고루 밴단다. 기름이 먼저 들어가면 코팅이 되어 간이 고르지 않다고. 음, 팁 하나 얻었네.

드디어 각종 나물로 한 상 가득한 밥상이 나왔다. 나물 이름도 다 모른다. 양념을 많이 안 해서 나물마다 제맛이 살아 있다. 이 계절에 이 산천에서 나오는 식재료로 만든 음식, 여기 사람들은 이런 음식을 먹고 산다는 거야? 사람은 이런 음식을 먹고 살아야 하는데. 나는 눈이 번쩍 떠졌다. 나물 음식에 감동했다. 당장 오대산 근처로 이사 오고 싶어졌다. 그러나 그것은 꿈일 뿐. 지금, 이 밥상 위에 있는 나물들이나 남기지 말고 다 먹고 가자.

식당을 나오니 길가에서 그 동네 아주머니가 나물을 팔고 있었다. 나물취 곰취 등 바로 우리가 식당에서 먹고 나온 나물들이다. 달려들어 나물을 샀다. 친구들도 샀다. 집에 와서 식당 아주머니에게 배운 대로 만들어 나물 잔치를 했다.

몇 년 후 딸이 결혼했다. 신혼집에 시댁 어른들을 초대해서 대접하려는데, 잘하든 못하든 자기가 음식을 만들어 보겠다고 한다. 기특한 생각이다. 그런데 엄마가 나물 한 가지만 만들어 주면 좋겠다고 부탁했다. 옆에서 듣고 있던 우리 집 거사가 운전해 줄 테니 기왕이면 오대산에 가서 나물을 사 오자고 나섰다. 사돈댁도 대접하고 우리도 나물 사치를 한 번 더 해 볼 요량이었다. 몇 년 전에 사다 먹은 나물 맛을 잊지 않은 눈치다. 부부가 나물 사러 진부로 떠났다.

그런데 몇 년 전과는 사정이 달라졌다. 국립공원 내에서 나물 채취하는 것을 금하고 있다는 것이다. 그래서 요새는 나물을 재배한다고. 몇 년 전에 길거리에서 나물을 팔던 그 아주머니네 가게까지 찾아갔는데, 자연산 취나물은 어렵사리(이건 무슨 의미인지?) 구해 놓은 게 있었는데 다 팔고, 남은 것이 조금밖에 없다고 한다. 아주머니는 잡나물이 좋다고 권했다. 잡나물은 재배가 없고, 값도 싸다고. 잡나물? 그게 뭐요? 먹을 수 있는 풀들을 다 캐서 섞은 것이라고 한다. 그러니까 곰취, 나물취같이 사람들이 많이 찾는 메이저 나물이 부족하니 인기 없는 마이너들을 모아 잡나물이라고 이름을 붙인 것이란다. 아주머니는 잡나물이야말로 자연산이라고, 방배동 어느 사모님은 이 나물만 찾으신다고 강조했다. 꿩 대신 닭이라. 얼마나 멀리서 시간과 비용을 들이고 왔는데, 어떻게 그냥 가? 그거라도 사야지. 팔다 조금 남았다는 자연산 나물취는 싹쓸이하고 재배한 나물취와 곰취, 잡나물 이렇게 합해서 3만 5천 원어치를 샀다.

그리고 산채 식당에 들어가 산나물 정식을 먹었다. 이 지역 토박이인 식당 주인이 어렵사리 구한 자연산 나물들이다. 그 맛이 생생했다. (어렵사리 구해서) 팔 것은 없지만 식당에서 쓸 것은 있다는 얘기다. 남기면 버릴 테니까, 아깝다고 나물 줄기 하나 남기지 않고 먹었다(저녁에 와서 얼마나 물을 켰는지). 그리고 밥상에 나온 신선초 장아찌가 맛있다고, 거사가 그거 좀 사 가자고 했다. 너무 비싸서 사기 싫었는데, 그냥 샀다.

그리고 불자라면서 여기까지 와서 절에도 안 들르고 가버리면 안 되지. 월정사에 들어가 부처님께 인사드렸다. 노인 운전이라 어둡기 전에, 차 밀리기 전에 와야 하니까 서둘러 상경했다. 고단해서 사 온 나물은 앞 베란다에 내던지고 그냥 잤다. 다음 날 그 나물을 다듬어서, 소금물에 데쳐서, 씻어서, 잠시 담가 놓았다가 냉장고 안에 넣는 데 한나절이 더 걸렸다. 제일 비싸게 산 자연산 나물취는 들기름에 무쳐서 사돈댁 대접하는 데 썼다. 잡나물 맛은 메이저 나물들만은 못하지만, 그래도 자연산 아닌가. 재배한 나물도 다 이 땅에서 난 것이고.

들인 비용과 시간을 계산해 보았다. 자동차 휘발윳값, 고속도로 통행료, 나물값, 점심값, 안 사도 될 비싼 신선초 장아찌값 등등. 대략 십여만 원에, 시간은 이틀을 썼다. 이 나물이 한 접시에 얼마짜리인가. 비용과 시간 대비 효율을 따지는 현대인의 눈으로 보면 이건 바보 같은 짓이다. 나물, 맛있어 봐야 얼마나 맛있다고? 나물은 나물이지.

그런데 나는 그게 비효율적이라거나, 돈과 시간이 아깝다거나 하는 생각이 하나도 안 들었다. 딸의 시어머니가 나물이 맛있다고 하셨다니 보람은 있었지만, 그 이유만은 아니다. 오대산 산나물에는 그만한 값이 있다.

전나무 숲길

• 오대산 이야기 2 •

우수도 경칩도 지나서 봄을 기다리고 있는데, 눈이 내렸다. 그것도 전국에 골고루 내려서 온 나라가 설국이 되었다. 영동지방에서는 눈이 너무 많이 내려서 생업에 지장이 있다고 아우성이란다. 아침밥 먹고 느긋하게 TV 보다가 들은 소식이다.

눈 올 때 가 보고 싶은 곳이 있어서, 눈 소식이 반가웠다. 오대산 월정사의 전나무 숲길이다. 일주문 지나서 절로 들어가는 약 1km의 전나무 숲길은 산사로 들어가는 길 중에서도 가장 아름다운 길 중 하나다. 어느 계절에나 다 아름답지만, 눈 오는 날의 전나무 숲길을 보고 싶었다.

오대산국립공원 사무소에 전화를 걸었다. 전화를 안 받는다. 신호음을 계속 보내다가 끊으려는데, 전화를 받는다. 거기 눈 많이 왔냐고요? 차가 눈길에 빠져서 그걸 빼다가 급히 뛰어 들어왔다는 직원은 눈 구경 가겠다는 철없는 전화질에 친절하게 대답해 주었다. 자가운전은 위험하니 대중교통을 이용하고, 자가운전으로 오려면 꼭 체인을 하고 오라고. 가자, 오대산으로!

따듯하게 옷 껴입고, 등산화 신고 나섰다. 동서울터미널에서 진부 가는 버스를 타고 서울을 빠져나가는데 이건 웬 보너스인가. 멈추었던 눈이 다시 내리기 시작했다. 고속도로 주변의 그렇고 그런 건물들, 평범하기만 하던 낮은 산들에 눈이 내려앉으니, 동화의 나라가 되었다. 오늘은 눈 구경을 만끽하는 날이다. 진부에 도착할 때까지 눈이 내렸다.

진부면에서 상원사 들어가는 시내버스로 갈아타고, 월정사 입구 상가에 도착하니 오후 1시가 넘었다. 금강산 구경도 식후경이라. 그런데 상가가 썰렁하다. 문 연 식당이 몇 집 안 된다. 월정사 갈 때마다 들르곤 하던 단골 산채 식당도 아예 문을 닫았다. 봄눈 오시는 날 이곳에 올 손님이 누가 있을까. 다년간의 경험으로 알아채고, 쉬는 거다. 산촌이 적막하다.

문 연 집을 찾아 들어가니, 팔짱 끼고 창밖을 내다보던 주인아주머니가 반색하면서 맞이한다. 부리나케 좁쌀 동동주와 두부, 도토리묵을 한 접시씩 내놓는다. 그리고 산채들로 상을 차린다. 아주머니는 봄이 다 왔는데 웬 눈이 이렇게 많이 오느냐고 원망을 털어놓았다. 손님이 없으니 속에서 열불이 난다고 했다. 산촌의 적막! 서울서 온 나그네는 그 적막에 몸과 마음을 촉촉하게 적시고 있는데, 아주머니 속에서는 그 적막이 열불을 내고 있다. 그 열불! 그렇겠다. 테이크아웃 하는 산마늘 장아찌를 한 팩 더 샀다. 별 도움이야 안 되겠지만, 그래도 밥만 먹고 휭하니 일어서기가 어쩐지 미안했다.

전나무 숲길은 예상했던 대로 아름다웠다. 앞서간 이들이 벌써 헤쳐 놓은 눈길을 따라서 천천히 들어갔다. 품격 있는 전나무들이 눈 모자를 쓰고 산신령같이 서 있다. 그 전나무들이 지긋이 내려다보며 우리에게 위로를 보낸다. 앞서가는 우리 집 거사가 사방에 대고 합장배례를 한다. 저 합장배례는 어떤 마음의 표현일까? 이 나이에 이르니까, 자연에 오면 모든 게 다 고마워서 사방에 대고 그냥 자꾸 절을 하고 싶어진다고.

절 마당에 들어서니 여기도 적막이다. 동안거 해제 후의 절은 어디나 적막이다. 멈춰 섰던 눈이 또 흩날리기 시작했다. 적광전을 마주하고 앉은 석조보살상의 어깨에도 눈이 내려앉는다. 보살의 어깨 위에 눈이 자꾸자꾸 쌓인다. 번뇌와 시름을 잠시 내려놓은 적막의 시간이다.

왕년에

세상사의 돌아가는 이치를 알 만큼 알고, 나이도 먹을 만큼 먹은 이가 자기의 과거를 얘기하면서, 왕년에 자기가 얼마나 잘나갔는지 자랑하는 것을 듣고 있으면, '저 사람의 현재가 그 왕년보다는 못하구나.' 하고 생각하게 된다. 그 반대로, 왕년에 자기가 얼마나 가난했고 공부도 못했는지 하는 얘기를 들으면, '저이가 가난과 공부에서 벗어났구나.' 하고 생각한다.

친구들끼리 수다 떠는 인터넷 카페에서 한 친구가 '아들이 회사에서 있었던 얘기를 꺼내면 남편이 '왕년에' 하면서 저 잘났었다고 꼭 나서는 게 미웠는데, 요새는 내가 그러고 있지 않나 하는 생각이 든다'고 말했다. 친구들이 잇달아 댓글을 썼는데, 한 친구가 '저 잘난 척하는 것, 매사에 자신 없어지는 노년에 보태는 활력소쯤으로 치부하자'고 했다. 두 친구의 말이 다 일리가 있다고 생각했다. 그런데 요즈음 그 '왕년에'라는 단어가 내 맘속에서 뱅뱅 맴돌고 있다. '친구야, '왕년에'가 멀리 갈 것도, 오랜 시간이 필요하지도 않단다.'

아침에 일어나 보니 온 세상이 하얗게 변해 있다. 동화 속 풍경이 따로 없다. 평범하기 그지없던 아파트 정원이 크리스마스카드로 들어간 듯 정감을 뿜어낸다. 주차장에 누워있는 산문적인 자동차들도 눈 이불을 덮으니, 어쩐지 좀 시적으로 보이는 것 같다. 그 풍경을 내다보면서 맨 먼저 떠오른 생각은, '오늘, 대한민국의 사진가들이 저 눈이 녹기 전에 설경을 찍으려고 아침 밥숟가락 놓자마자 뛰쳐나가겠구나.' 하는 거였다. 작년, '왕년에' 나도 그랬으니까.

작년 1월 초에 눈이 왔을 때는 종묘의 침묵을 찍겠다고 뛰어갔고, 3월에 눈이 왔을 때는 월정사까지 갔다. 몇 년 전 오대산에 눈이 많이 왔다는 아침 뉴스를 보고 있다가 그 눈을 보려고 뛰쳐나간 일이 있었다. 월정사 입구의 전나무 숲길에 들어서니 눈 모자를 쓰고 있는 전나무들이 꼭 산신령들 같았다. 그 풍광에 감동했던 기억이 있다. 그걸 내 카메라에 담고 싶다는 열망을 품고서 말이다.

불과 1년 전인, 왕년에 그랬던 내가, 올해는 창밖의 설경을 담담하게 바라보고 있다. 그 이유는 간단하다. 내 오른쪽 무릎이 지난 늦가을부터 약간의 말썽을 부려서 근신 중이기 때문이다. 무릎이 아프다고 하니까, 한 친구는 다리를 너무 많이 써서 그렇다고, '쌤통'이라고 했다(늙은이 주제에 산티아고에 갔다 온 것을 두고 하는 말인 듯싶다). 그런데 그 말이 별로 섭섭하지도 않다. 그렇게 생각할 수도 있겠구나. 사진 찍으러 방방 뛰어나가지 못하는 것이 속상하지도 않다.

나는 요즈음 집에서 《공지영의 지리산 행복학교》를 읽으면서 낄낄거린다. 이런 책을 읽을 때는 책상 앞에서 읽지 않고 배 깔고 누워서 읽거나 소파에 기대서 읽는다. 솔직히 말하면 나는 공지영이라는 작가를 살짝 삐딱한 눈으로 보고 있었다. 며칠 전 우리 집 거사가 이 책을 사 들고 왔을 때, 나의 반응은 '그런 책은 왜 사 와요?'였다. 많지도 않지만 적지도 않은 책들을 죽기 전에 어떻게 처리하고 가야 하나, 하는 것이 나의 숙제인데 거기다 또 보태려고 그러나.

거사는 책을 사면서 우리 마누라가 분명히 그렇게 말할

거라고 예상했단다. 그런데 책을 읽으면서 거사가 가끔 낄낄 웃는다. 내가 참을 수 있나, 뭔데 그래요? 거사가 외출한 사이 슬그머니 그 책을 가져다 읽기 시작했다. 어머, 이거 너무 재미있네. 공지영의 책이 잘 팔리는 이유가 있었구나!

'자발적 가난을 선택하고 지리산에 들어가 행복학교를 짓고 사는 사람들.'

'그래서 서울서 사는 나(공지영) 같은 이들이 도시의 자욱한 치졸과 무례한 혐오에 그만 스스로를 미워하게 되려고 하는 그때.'

'내 시의 원천은 슬픔인데 지리산에 내려온 후 행복해서 시가 안 써진다는 시인,' 등등.

말하자면 지리산의 품속에서 사는 방외지사(方外之士)들의 얘기다. 1년 집세 50만 원, 연봉 1백만 원, 가난하지만 누추하지 않고 비굴하지도 않으며 행복한 사람들이다. 사람이 이렇게 살 수도 있구나! 그 사람들의 이야기를 이렇게 재미있게 쓰다니!

시기를 놓치기도 했지만, 젊었다고 해도 나 같은 사람은 도저히 결단을 내리기 어려운 삶이다. 지리산을 정신의 고

향쯤으로 여겨 그 둘레길을 걸으며 아름다운 풍광에 감동하고, 둘레길을 걷다가 그 산속 어느 절에 묵으면서 새벽 예불 후 마당에 나와서 올려다본 샛별에 감격하는 정도, 그리고 내년에 따듯해지면 지난번에 못 마친 둘레길을 이어서 걸어 보리라고 다짐하는 정도, 그런 정도가 서울내기인 내가 할 수 있는 짓이다.

한꺼번에 다 읽어치우는 게 아까워서 나는 아껴서 조금씩 읽고 있다. 그러나 하여간에 다 읽는 때가 올 것이고, 시간이 지나면 이 책을 읽던 때의 행복도 지나가 버릴 것이다. 이것도 '왕년에'가 될 터이다. 그렇더라도 한 해를 보내는 이 시점에서 외출도 못 하는 노인네가 칙칙한 감상을 내던지고 깔깔 웃게 해 준 공지영 작가에게 감사 카드라도 보내고 싶은 심정이다. 내 삐딱한 시선에 대해(그녀는 모르겠지만) 미안했다는 말도 덧붙여서. 우리가 사물과 타인의 속내를 얼마나 안다고 편견을 갖고 살겠는가.

에필로그: 《공지영의 지리산 행복학교》는 2010년 11월에 초판이 나왔고, 이 글은 그 해 연말에 썼다. 10여 년의 세월이 흘렀는데, 지리산의 방외지사들은 그 후 어떻게 살고 있는지 궁금하다.

위로에 대하여

오래전에, 선종하신 김수환 추기경께서 TV에 출연한 적이 있다. 몇 년 전인지 어느 방송이었는지 생각이 안 나는 먼 기억이다. 그 자리에서 노래 한 곡을 부르셨다. 노래를 부른다기에 거룩한(?) 노래를 부를 거라고 예상했다. 그런데 그때 한창 인기 있던 김수희의 〈애모〉를 불렀다. 예상치 못한 선곡에 엉, 하고 속으로 조금 놀랐다. 그러면서 아하, 저분이 추기경이신 이유가 있구나, 고정관념이 없이 자유로우신 거네, 하고 생각했다. 존경하는, 그것도 돌아가신 어른의 마음속을 이리저리 내 마음대로 헤아려 보는 것이 외람된 일일 수도 있겠으나, 내 기억 속에 아름다운 장면으로 남아 있는 일이니, 추기경께서도 나무라지는 않으실 것 같다. 설령 그것이 틀렸더라도. 나는 그날 추기경의 노래는 우리 모두에게 보내는 위로라고 받아들였다. 이루지 못한 사랑들에 대한 위로였고, 마음대로 되지 않는 우리 삶에 대한 위로였다. 추기경에게 '그대'는 한 사람의 연인이 아니라 멀고 가까운 중생들이었을 것이다.

이 글을 쓰면서 그 노래의 제목이 생각나지 않았다. 노래 중의 한 대목, '그대 앞에만 서면 나는 왜 작아지는가'만 생각이 났다. 이럴 때는 인터넷 포털 사이트에 이 문장을 검색어로 넣어 찾는다. 그러다가 한 동영상을 만났다. 젊은 주부가 자기 집 방안에서 이 노래를 셀프 녹화하고 있었다. 아기가 옆에서 엄마의 노래를 자꾸 방해하고 있다. 그만 부르라고. 젊은 엄마는 아기의 칭얼거림에도 그치지 않고 계속 노래를 불렀다. 그 노래의 첫대목에 있는 '오늘은 울고 싶어라'를 '오늘도 울고 싶어라'로 바꿔서 불렀다. 어제도 울고 싶었고, 오늘도 울고 싶은 것이다. 젊은 주부는 자가 위로를 하고 있었다.

인수 왕대비는 조선조 성종의 어머니다. 성종의 아버지 의경 세자는 세자 시절에 죽어 왕위에 오르지 못했다. 성종이 왕이 된 후 덕종으로 추존되었다. 따라서 인수 왕대비에게는 왕비였던 시절이 없다. 아들이 왕위에 오른 후 '인수 왕대비'로 존호가 확정되었다(성종 6년 1월 6일). 성종 8년, 인수 왕대비는 봉선사에서 사경(寫經)했다. 이를 두고 대간(臺諫)의 상소가 극심했다. 그 사실을 알게 된 인수 왕대비는 아들에게 사경하는 자기의 심정을 토로했다.

"…내 나이 열일곱에 동궁을 모셨는데, 4년 사이에 아침에는 양전(兩殿: 세조와 정희왕후)을 모시고 저물어서야 궁(宮)에 돌아오니 일찍이 하루도 온전하게 우리 왕을 모시지 못하였으며, 때마침 우리 왕이 편치 않으시어 다른 곳으로 거처를 옮기셨는데, 내가 시질(侍疾)하고 싶었으나 주상을 회임(懷妊)하였으므로 각각 동과 서에 있었는데, 이로부터 영원히 이별을 하였으니 슬픔을 어이 다 말할 수 있으랴! 천지도 반드시 그 심정을 알 것이다. 명복을 구하는 것은 나만이 하는 것이 아니라 예부터 있었다. 이러므로 위로는 선왕(先王)을 위하고 다음은 우리 왕을 위하는 것이 잠깐이라도 마음에 잊히지 않는다. 또 세조께서 내가 슬피 우는 것을 차마 보지 못해서 나로 하여금 매년 봄가을로 능(陵)에 참배하여 나의 하늘을 부르짖는 슬픔을 다하게 했는데, 지금은 내가 군모(君母)가 되었으므로 항상 조정의 의논을 두려워하여 한 가지 일도 내 뜻과 같이 못 했다."

죽은 남편의 명복을 빌며 사경을 하는 왕대비의 심경이 애절하다. 사경을 하는 시간이 왕대비에게는 슬픔을 달래는 위로의 시간이 되었으리라.

영화 속의 한 장면이 여운을 남기며 위로를 주기도 한다. 2004년 칸 영화제에서 여주인공 장만옥에게 여우 주연상을 안겨준 〈클린〉. 캐나다에서 활동하고 있는 록가수 리와 그의 아내 에밀리 왕(장만옥 분)은 한번 빠진 마약의 세계에서 빠져나오지 못하고 있었다. 부부의 말다툼 끝에 에밀리는 모텔을 뛰쳐나오고 그날 밤 모텔에 남아 있던 리는 헤로인 과다복용으로 숨진다. 에밀리는 마약 소지죄로 6개월 형을 선고받는다. 형을 마치고 나온 에밀리에게 시련이 다가온다. 남편의 명성에 얹혀 있던 에밀리의 가수로서 입지는 바닥에 떨어지고 마약 중독자의 이력만 남았다. 파리로 거처를 옮겨 친척이 운영하는 중국 레스토랑에서 서빙을 하며 새로운 삶을 도모하지만, 마약을 끊지 못해 해고된다. 에밀리는 가수로 재기하여 아들과 살고 싶다. 그러나 가수로 재기하는 일도 쉽지 않다. 손자를 맡아 기르고 있는 시아버지와 어린 아들은 에밀리를 받아들이지 않는다. 결국 에밀리는 마약을 끊지 않으면 새로운 시작은 없다는 걸 각성한다. 마침내 마약을 차창 밖으로 내던진다. 새 음반을 만들 기회가 찾아온다, 녹음을 마치고 나온 에밀리는 휴게실 자판기에서 커피를 뽑아 들고 의자에 앉는다. 참았던 울음이 터진다. 일본 작가 아라이 만은 "사람이 아주 힘든 일을 끝내고 마시는 한잔의 커피나, 한 잔의 술은 바로 그것이 '곤륜의 차' 맛일지도 모른다."고 했다. '곤륜의 차'는 중국 전설의 곤륜산에서 나오는 신비의 차다. 이 순간 에밀리에게 한 잔의 커피는 '곤륜의 차'가 되었으리라.

미국에 이민해서 사는 대학 동기가 "미국 생활 50년, 외로움에 절어서 책이 없으면 못 견뎌. 읽을거리가 떨어지면 먹을거리 떨어진 것처럼 눈앞이 캄캄해."라고 말한 적이 있다. 백영옥 작가도 '외롭고 힘든 순간에 나를 위로해 줄 안전지대는 혼자 읽는 책'이라고 했다. 나에게도 책 읽기는 위로의 영역이다. 늙어가면서 외로워질 날이 많아지는데, 시력을 잃지 않고 책을 읽을 수만 있다면 늙음의 비루함을 잊을 수 있지 않을까, 하는 생각을 한다.

선부른 위로는 때로 상처를 주기도 한다. 미국으로 이민 간 오빠가 말기 암으로 고통받고 있던 시기, 오빠 곁에서 지냈다. 같은 교회 다니던 신자들이 종종 위문을 왔다. 그중 한 부인은 올 때마다 자기 부부가 얼마나 하나님을 진실하게 믿었는지, 하나님의 은혜를 입어서 얼마나 사회적으로 성공했는지를 강조하곤 했다. 오빠는 묵묵하게 그 성공담을 들었다. 건강하게 살아 있는 것은 성공이고, 아파서 가게 되는 것은 실패인가. 그 순간 오빠는 하나님을 덜 믿어서 암에 걸렸다고 하는 느낌이 들 지경이 되었다. 나는 짜증이 났지만, 짜증을 낼 처지가 아니어서 참곤 했다.

누구를 진정으로 위로할 수 있으려면 내 속의 '나'가 없어져야 한다. 비 오는 날, 우산 없는 옆 사람에게 내 우산을 내주기는 쉽지 않은 일이다. 그러나 비 맞으며 걸어가는 이에게 우산을 받쳐주며 같이 걸을 수는 있다. 내 한쪽 어깨가 좀 젖더라도. 나를 비우는 경지까지는 못 가더라도 한 생각을 바꾸면 위로를 주고받을 일은 세상에 너무 많다.

뭐니 뭐니 해도 사람끼리 주고받는 위로가 가장 따듯한 것이다. 아끼는 사람과 단둘이 늦은 점심을 하면서 복잡한 세상사는 밀어놓고 허물없는 한담을 즐긴다면, 거기에 낮술이라도 한잔 걸친다면, 등이 따듯해지는 위로의 시간이 되리라.

가장 큰 선물

《단테 〈신곡〉 강의》라는 명저로 한국 독자에게 알려진 일본의 철학자 이마미치 토모노부(今道友信, 1922~2012) 교수는 1948년 동경대학 철학과를 졸업하고, 동 대학원을 거쳐 1957~1958년에 파리대학의 강사였다. 그 시기 매주 목요일(나중에는 금요일)마다 기독교적 실존주의 철학의 선구자인 가브리엘 마르셀(Gabriel Honoré Marcel, 1889~1973)의 집에서 열두세 명 정도가 모여 마르셀의 이야기를 듣고 질문을 하는 공부 모임이 있었는데, 이마미치 교수도 그 모임에 참여했다. 1958년 여름, 이마미치 교수는 일본으로 귀국할 때가 되어 마지막으로 마르셀을 만나러 갔다.

"이 말은 지금도 하려고 하면 눈물이 날 정도로 감동적인 말입니다. 마르셀은 '토모노부, 자네는 한 사람이 다른 사람에게 줄 수 있는 가장 큰 선물이 무엇인지 아는가?' 하고 물었습니다. 나는 뭐라고 대답해야 할지 몰랐습니다. 마르셀은 바보 같은 얘기를 해도 화를 내는 사람이 아니었습니다. 그분은 조용히 이렇게 말씀하셨습니다. '토모노부, 절대로 잊지 말게. 한 사람이 다른 사람에게 줄 수 있는 최대의 선물은 좋은 추억이네.'"

1999년 8월, 월간 《들숨날숨》(성베네딕도회 왜관수도원이 1999년에 창간, 2004 휴간)의 초청으로 우리나라에 와서 '우리 시대의 문화와 신앙'을 주제로 강연을 한 이마미치 토모노부 교수의 회고담이다. 마르셀은 '그 좋은 추억은 좋은 말에도 있다' '좋은 행위로도 좋은 추억을 줄 수 있다'라고 말했다고 한다.

선물이라 하면 우선 물질적인 것을 생각하는 것이 십상이다. 보통은 값이 비싸거나 희귀한 것이면 좋은 선물이라고 치부한다. 그런데, '좋은 추억'이 가장 큰 선물이라니! 삶이라는 시간은 그 순간이 지나면 모두 추억이 되는데. 그러면 우리는 얼마나 많은 선물을 주고받으며 살았다는 것일까.

돌아보면 나도 좋은 추억이라는 선물을 받은 일이 적지 않다. 노년에 낸 책이 상을 받았을 때, 친구 둘이 점심을 사주면서 축하해 줬다. 정갈하고 조촐한 식당에서 와인 한 병을 놓고 점심을 먹었다. 초여름이었는데, 그 식당의 정원에는 신록의 나뭇잎들이 반짝반짝 빛났고 공기마저도 이에 보조를 맞추듯이 싱그러웠다. 우리는 먹고 마시고 담소에 집중하느라 시간을 잊었다. 이런 시간을 언제 또 가질 수 있으랴. 무엇보다도 친구들의 진심이 느껴져서 감동했다. 내가 받은 최대의 선물 중 하나다.

진달래가 피는 계절에 비구니 스님들이 사시는 시골 암자에 가서 하룻밤을 묵었다. 다음 날 아침 공양을 한 후 다실에서 암자의 주지 스님과 차를 마시며 법담을 나누었다. 주지인 비구니 스님은 나와 세속의 연배가 비슷한 분인데 유쾌한 분이셨다. 그 법문에 푹 빠져 있는 중에 상좌 스님이 진달래 화전 한 접시를 부쳐 놋 접시에 담아 내왔다. 그 시간에 암자 마당에 피어 있는 진달래 꽃잎 몇 개를 따서 화전을 만든 상좌 스님의 센스라니! 그 타이밍의 미학이 준 감동은 잊히지 않는다. 이것이야말로 좋은 추억이 아닌가.

당시에 아픈 추억이었더라도 나중에 가장 큰 선물이 되는 일도 있다. 신혼 초 우리는 맞벌이 부부였다. 1960년대는 현금이 없으면 아무것도 할 수 없는 시대였다. 두 사람의 봉급을 합쳐도 봉급날이 가까워 오면 얼마씩이 부족했다. 경제적 여유가 있는 큰언니에게 달려가 그 '얼마씩'을 꿔다 메꾸곤 했다. 언니는 그때마다 아무 말 없이 꿔줬다. 그러던 어느 날 언니가 정색하고 내게 물었다. "너희, 월급이 얼마냐? 어쨌든 둘이 버는데, 수입에 맞춰 써야지, 이렇게 달마다 꾸러 다니면 되겠냐?" 당황했고 부끄러웠고 화가 났다. '언니가 돼서 돈 좀 꿔 준다고 잔소리는… 내가 다시는 돈 꾸러 오나 봐라!' 속으로 꿍얼대면서 돌아왔다. 그달부터 수입과 지출을 맞추기 위해 안간힘을 썼다. 해 보니 그게 됐다. 얼마의 시간이 지난 뒤 문득 가슴 밑바닥에서 언니에 대한 고마운 마음이 차올랐다. 어느 날인가 언니가 말했다. "자존심이란 내세우는 게 아니라 실천하는 거야." 아, 그랬구나. 언니는 가셨지만 나를 일깨워 준 언니의 잔소리는 내게 인생의 선물이 되었다.

이마미치 토모노부 교수는 남에게 좋은 선물을 줄 수 있는 사람은 영성 문화를 가지고 있는 사람이라고 덧붙였다. 그렇지 않은 사람은 불가능할 것이라고 했다. 영성 문화는

아니더라도 정신문화를 가지고 있어야 한다고 했다. 위대한 것은 아니더라도 진심을 지니고 있어야 남에게 좋은 선물을 줄 수 있다고 강조했다.

영성이란 무엇인가. 영성(Spirituality)은 기독교에서 나온 개념이다. 하느님을 마음의 중심에 두고 그 영향 아래 살기를 추구한다는 의미였다. 세속적인 삶과 대비되는 개념으로 중세까지 기독교의 전유물이었다. 그러나 현대에 와서 영성은 기독교의 울타리를 넘어서서 세계 종교로 확대되었고, 한발 더 나아가 철학, 심리학, 예술, 교육, 의료, 비즈니스에 이르기까지 삶의 전 영역에서 성장의 핵심 키워드로 주목받고 있다. "넓은 의미에서 인간에게는 잠재력을 최대화하려는 비전이 있다. 현대적 의미의 영성은 이 비전의 성취를 위해 구체적으로 실천하는 생활 방식과 수행을 의미한다. '영성'이라는 말에는 종교적이든 세속적이든 인생의 의미와 행위에 대한 염원이 들어 있으며, 인간의 삶이 생물학 이상이라는 관념이 내포돼 있다."(《영성이란 무엇인가》 필립 셸드레이크).

이마미치 교수는 기독교적 의미의 영성을 말한 것으로 보인다. 오늘날에도 기독교인이라면 하느님을 마음의 중심에 두고 사는 것이 영성의 길일 것이다. 불교인이라면 보리심을 일으켜 수행하는 삶이 영성의 길이 될 터이다. 종교가 없더라도 물질적인 가치에 너무 경도되지 않고 정신적인 가치에 비중을 둘 줄 아는 것, 나와 나의 것이라는 에고의 한계를 넘어서서 우주 속의 나에게까지 나를 확장해 갈 줄 알며, 자기 성찰이 있는 삶이 영성의 길일 것이다.

이런 심성을 가지려면 마음의 근육을 키우는 내공이 필요하다. 하루에 단 5분이라도 남이 모르는 시간을 갖고 자신을 들여다보는 습관을 갖는 것, 이렇게 해서 형성된 것이 영성 문화라는 생각이다. 이런 문화까지는 안 되더라도 진심을 지니고 있으면 남에게 좋은 선물을 줄 수 있다고 한다. 사람의 진심은 모든 것을 능가할 수 있다.

사람은 관계를 벗어나서 살 수 없다. 관계 속에서 모든 일이 이루어진다. 은둔자도 관계는 못 벗어난다. 그 범위가 좁을 뿐이다. 남에게 좋은 추억이라는 선물을 준다는 것은 인간관계에 진심을 담는다는 의미이다. 진정성을 지키는 인간관계는 삶을 풍요롭고 품위 있게 만드는 마법이다. 남에게 줄 수 있는 가장 큰 선물이 좋은 추억이라는 철학자의 말씀은 '우리는 어떻게 살아야 하나'라는 문제에 대한 답이다.

2.

1·4 후퇴의 기억

북촌 한옥 체험

서촌의 추억

북한산과 한강 그리고 남산

옛 서울 풍경

내 마음의 고향 숙명

잊을 수 없는 선생님들

문예반의 두 선생님

1·4 후퇴의 기억

1950년 한국전쟁 중, 중공군의 공세로 서울 사람들이 모조리 피난가 버렸던 1·4 후퇴. 그때 나는 초등학교 4학년이었다. 우리 가족은 1950년 12월 중순에 서울을 떠나 경기도 화성의 친척 집으로 피난 가 있다가, 1953년 봄 3월, 중학교 입학에 맞춰 나만 먼저 서울로 돌아왔다.

커 가면서 내가 서울을 떠나 있던 그 시기의 서울이 어땠는지 항상 궁금했다. 그 와중에도 피난 못 간 사람들이 있었고, 인공치하였는데 어떻게 살았을까, 하는 의문이었다.

박완서의 자전 소설 《그 산이 정말 거기 있었을까》가 그 의문에 대한 답을 주었다. 박완서 작가는 오빠의 부상 때문에 피난길을 포기하고 전에 살던 현저동으로 옮겨 가 숨어 살았다. 텅 빈 서울에서 이웃집을 뒤져서 식량을 훔쳐먹고, 대한민국 치하인지 인민공화국 치하인지 알 수 없는 불안을 감내하며, 몇 안 되는 이웃이 빨간색인지 파란색인지 의심하며, 순간순간 신분이 탄로 나 해를 입을까 봐 떨며, 그 시간을 견뎌냈다. 그 참혹함에 마음이 오그라들곤 했다. 소설을 읽으면서 나의 1·4 후퇴가 문득문득 생각났다. 소설과 비교하면 나의 추억은 너무나 비현실적이어서, 마치 내가 무슨 잘못을 한 것처럼 마음이 복잡해지기도 했다. 나는 부모의 보호 아래 있던 어린애였을 뿐인데.

1·4 후퇴 바로 전 12월의 어느 날, 우리 가족은 서울을 떠났다. 큰언니네와 우리는 두 대의 마차를 빌렸다. 요샛말로 하면 렌터카다. 언니네 마차에는 언니네 부부와 조카들, 우리 마차에는 아버지 어머니와 내가 탔다. 그때 오빠는 제2국민병에 가 있었다. 마차의 가장자리에 짐을 차곡차곡 둘러서 쌓았고 그 가운데 사람이 모여 앉았다. 나는 교과서 공책 연필 지우개를 란도셀(멜빵가방)에 넣어 내 짐으로 챙겼다. 가면서 먹을 비상식량은 삶은 팥을 넣은 밀가루 빵이었다. 그것은 내 생애 첫 번째의 여행이었다. 덜커덩거리는 마차

에 앉아 팥빵을 먹으면서 가는 것이 재미있었다. 낭만이라는 말은 아직 몰랐던 때지만 지금 돌이켜보면 아주 낭만적인 여행이었다. 전쟁의 불안이 어린 내게 심각하게 다가오지는 않은 것이다.

우리의 목적지는 경기도에 있는 친척 집이었다. 수원에서 백여 리를 더 서남쪽으로 들어가야 하는 향남면 제암리였다. 피난지를 그곳으로 정한 것은 중공군이 외진 촌구석까지는 못 올 거라는 부모님의 판단에서였다. 기차가 가지 않는 곳이니 마차로 갈 수밖에는 없었다. 제암리는 3개의 마을로 이루어져 있었는데, 우리가 갔던 친척 아저씨의 집은 3개 마을 중 규모가 가장 작고 위치도 제암리의 끝에 붙어 있었다. 일본 강점기에 있었던 제암리 교회 학살 사건은 제암리의 3개 마을 중 가장 큰 마을에 있는 교회에서 벌어졌던 사건이라는 것을 나중에 알았다.

우리는 대로를 피해서 샛길로만 갔다. 제암리의 친척 아저씨 댁에 도착한 것은 서울을 떠난 지 일주일쯤 지나서였다. 갑자기 들이닥친 피난민 친척을 받아들일 방이 없었던 모양이다. 어떤 집의 곡물 헛간에 붙어 있는 방 한 칸을 겨우 빌려서 두 집 식구가 함께 들어갔다. 깨소금과 고춧가루를 조금씩 섞은 소금 한 접시가 피난지에 도착한 첫날의 저녁

반찬이었다. 며칠 지나서 언니네는 동네 집의 방 한 칸을 얻고, 우리는 친척 아저씨네 건넌방으로 들어갔다.

시골 마을에서 피난 생활이 시작되었다. 아저씨 댁에는 나보다 한 살 어린 여동생이 있었고, 위로는 두 살 위의 오빠가 있었다. 다 초등학생이었다. 우리 가족이 쓸 건넌방은 아주 좁았고 문이 얕아서 들어갈 때 허리를 굽혀야 했다. 그 방 아궁이에서 소에게 먹일 여물죽을 쒔기 때문에 방은 온종일 따끈따끈했다. 아버지는 아저씨의 사랑방으로 가셨고 엄마는 아주머니의 안방에서 낮 시간을 보냈기에, 그 방은 내 차지가 되었다. 우리 집에서 나는 막내였고 여덟 살 위의 오빠는 나를 상대해 주지 않았다. 아버지보다 더 엄격하게 누이동생을 다스렸다.

서울에서 나는 외동처럼 살았는데, 피난 와서는 한집안에서 사는 또래를 만났다. 게다가 우리가 모일 수 있는 아지트까지 생겼다. 그게 너무 행복했다. 그런데 우리에게는 놀거리가 없었다. 학교도 안 갔고, 겨울이니 밖에 나가서 뛰어놀 수도 없었다. 그래서 생각해 낸 게 화투였다. 서울에서는 몰랐던 놀이였다. 아침밥을 먹고 나면 우리는 그 방에 모여서 화투를 쳤다. 동네 아이들 한두 명이 더 끼기도 했다. 어른들에게 들키면 한 번씩 혼이 났지만, 그래도 포기하지 않았다. 겨우내 화투에 빠져서 살았다. 지금 돌이켜 보아도 그 재미는 쏠쏠했다.

봄이 왔다. 학교가 개학했다. 화투판은 끝났다. 다들 학교에 다니기 시작했다. 나만 빼고. 학교에서 오면 방바닥에 배를 깔고 숙제들을 했다. 그게 너무 부러웠다. 나도 숙제가 하고 싶었다. 학교에 다니고 싶다고 엄마를 졸랐다. 엄마는 서울에 가면 그때 다니자고 나를 달랬다. 내가 학교에 다니려면, 이 마을 이장이 우리가 피난민이라는 증명을 해 줘야 한다. 어른이 해야 할 일인데, 부모님은 움직이지 않았다.

참다못한 나는 어느 날 아침, 학교 가는 아이들을 따라나섰다. 마을에서 학교는 한 시간 가까이 걸어야 하는 거리였다. 아이들은 같은 시간에 모여 걸어갔다. 엄마에게 한마디 말도 안 하고 놀던 차림 그대로 나섰다. 학교의 교사는 불타서 없었고, 교장 사택의 방 하나가 교무실이었다. 그 앞에서 누구라도 나오기를 기다렸다. 사환이 나왔다. 4학년 선생님을 만나고 싶다고, 불러 달라고 했다. 잠시 후에 남자 선생님이 나왔다. 의아하게 나를 내려다봤다.

"저는 서울에서 피난 왔는데, 학교에 다니고 싶어서 왔습니다. 공부하고 싶어요. 그런데 저는 피난민 증명서는 가져올 수 없어요."

선생님은 아무것도 묻지 않았다. “기다려라.” 선생님은 교무실에 들어가서 출석부를 가지고 나왔다. 네 이름이 뭐냐? 내 이름을 출석부 끝에 적어 넣었다. “조금 있다가 운동장에서 조회할 텐데, 4학년 줄을 찾아서 그 뒤에 가서 서라.”

조회가 시작되었다. 오늘 이 학교를 떠나는 선생님과 새로 오신 선생님이 모두 교단에 올라왔다. 조금 아까 만난 선생님이 거기 서 있었다. 선생님은 오늘 이 학교를 떠나시는 거였다. 떠나면서 내게 선물을 주신 거다. 나는 자연스럽게, 전부터 다니던 학생이 되었다. 아, 잊을 수 없는 선생님!

내가 사라졌던 시간, 엄마는 마을을 뒤지며 애가 탔다. 살려고 여기까지 왔는데, 여기서 막내딸을 잃어버리다니! 속이 새까맣게 타셨다. 엄마를 본 나는 소리 질렀다.

“내일부터 학교에 갈 거야!”

북촌 한옥

• 나의 서울 이야기 1 •

초등학교 5학년인 외손자의 학교가 5월 가정의 달에 5일을 휴교했다. 교사와 학생에게 가족이 함께 보낼 시간을 주려는 배려였다. 가족 여행을 할 기회지만, 가장이 직장을 쉴 수 없으니 여행이 어렵다. 대안으로 '북촌 한옥에서 3일간 살기'를 했다.

요새 북촌에 한옥 숙박업소가 제법 많다. 외국인들에게 인기다. 한옥 숙박에는 두 종류가 있다. 부모 세대나 자식 세대가 살던 집을 숙박 시설로 개조한 것이 있고, 개인이나 업체가 사들이거나 임대해서 운영하는 숙박 시설이 있다. 내부도 원형을 유지하면서 필요한 부분만 개조한 집이 있고, 겉만 한옥이고 내부는 완전히 호텔처럼 개조한 집이 있다. 숙박료도 천차만별이다.

에어비앤비에 등록된 집 중 하나를 선택했다. 부모님이 오랫동안 살았고 자식 대에도 부모님과 함께 살던 트인 'ㅁ'자형의 전형적인 한옥이다. 필요한 부분만 개조하고 원형을 잘 보존한 모양새다. 부엌은 바닥을 높이고 인덕션을 설치하여 취사하고, 식탁과 의자를 넣어서 식당을 겸했다. 안방과 건넌방에는 재래식으로 이불과 요를 두었고, 문간방은 침대를 넣어 트윈룸으로 만들었다. 행랑채는 기존의 변소에 샤워 시설을 갖춰 목욕실로 만들고, 광이었던 공간은 세탁실로 개조했다. 건넌방 앞의 툇마루, 마루와 부엌을 잇는 툇마루, 부엌과 문간방을 잇는 툇마루는 그대로 살려뒀다. 처마 끝을 빙 둘러 옛 방식대로 옥색의 양철 차양을 달았는데, 한복의 끝동 같은 느낌을 준다. 마당에 꽃밭과 수도가 있다. 살던 세간들을 다 빼지 않고 적절히 배치했다. '자개장'이라고 불렀던 나전칠기 장롱, 경대, 문갑 등이다.

헛간에 보관된 접이식 식탁을 내다가 마당에 펴고 저녁식사를 했다. 은은한 조명등이 있어 밤이 되어도 마당이 어둡지 않았다. 저녁 식사 후 툇마루에 앉아 저녁 시간을 보냈다. 마당을 가운데 두고 3대가 삼각형으로 건너 앉아 얘기를 나눴다. 대화가 마당을 건너가고 건너온다. 꽉 막힌 공간인데 시원한 저녁 바람 한 줄기가 마당으로 들어와 돌아나가곤 한다. 어떤 쪽에서 들어와서 어디로 나가는지는 모르겠는데, 그게 신기했다. 아파트의 식탁에 둘러앉아 나누는 대화와는 달리 차분한 느낌이 들었다. 아파트에서 나고 자란 아이들에게는 새로운 경험이겠지만 나는 오래간만에 고향 집에 돌아온 것 같았다.

어린 시절 나는 한옥에서 살았다. 중학생 때 명륜동에서 살던 한옥은 이 집과 구조가 같았다. 예전에는 꽃밭에 봉숭아, 분꽃, 백일홍, 채송화 등을 심었는데 이 집의 꽃밭에는 옛날의 그 순박한 꽃들은 없다. 이름을 모르는 꽃들이 가득하다. 마당 끝에 있는 수돗가는 추억을 소환하는 공간이다. 샤워실이 없던 시절이었다. 여름 외출에서 돌아온 아버지와 오빠는 이 수돗가에서 등목을 하곤 했다.

사흘 있는 동안 이틀간 보슬비가 내렸다. 젊은이들은 일이 있어 드나들고 외손자와 나는 꼼짝없이 집안에서 지냈다. 아파트에서 태어나서 자란 외손자는 한옥이 신기했겠지만, 한편 지루하기도 했을 것이다. 큰 길가가 아니고 골목으로 들어온 집이어서 대문을 닫으니, 소음이 차단되었다. 차양을 타고 흘러내린 빗물이 마당 끝에 있는 홈통으로 모여

하수구로 빠져나가는 소리, 넓적한 돌과 자갈로 마감을 한 마당을 치는 빗소리만 들린다. 하늘은 낮게 내려와 마당 넓이만큼만 보인다.

'비 멍'을 때리고 앉아 있으니 '완벽한 고요'가 찾아왔다. 대문 밖은 시끄러운데 집안은 이리 고요하다니! 한옥의 특징인가. 예상하지 못한 경험이다. 아주 오래간만에 잊고 산 어린 시절이 생각났다.

서촌의 추억

• 나의 서울 이야기 2 •

나는 요즈음 말하는 서촌(예전에는 서촌이라는 말이 없었다)의 시작 지점인 적선동에서 태어나서 유아기를 보냈다. 네다섯 살쯤 되었을 때다. 우리 동네 앞을 지나가던 전차가 쓰러졌다. 효자동 종점에서 내려와 광화문 쪽으로 좌회전하다가 선로를 이탈한 사고였다. 동네서 놀다가 어른들의 아우성치는 소리에 놀라서 전찻길로 달려가 보니 이미 어른들이 담을 쌓고 있어서 나는 그 너머 현장을 볼 수 없었다. 어른들의 다리 사이를 비집고 앞쪽으로 갔다. 전차가 쓰러져 있고 사람들이 길바닥에 나뒹그러져 있었다. 어른들이 소리소리 지르면서 울기도 했다. 놀랍고 무서웠다. 처음 본 교통사고 현장이었다. 어른이 되었을 때 언론인 조풍연 선생이 TV에서 서울 세시기를 말씀하면서 적선동에서 전차가 쓰러진 사건을 얘기했다. 내 기억에 인증이라도 받은 듯이 반가웠다.

1899년에 생긴 서울의 노면 전차는 1968년에 정지됐다. 그 기간에 전차 노선의 변화가 있었지만, 내가 기억하는 전차 노선은 2개다. 하나는 효자동에서 출발, 광화문, 시청, 서울역을 지나 남영동에서 원효로로 빠져서 원효로 5가까지 가는 노선이고, 다른 하나는 독립문에서 출발하여 서대문 네거리에서 좌회전, 종로를 통과하여 동대문까지 가는 노선이다. 쓰러진 전차는 효자동에서 원효로로 가는 전차였다.

적선동에서 해방을 맞았다. 앞집에 일본 사람이 살았다. 그 집에서 물건 태우는 냄새가 한동안 골목 안에 가득 찼다. 특히 헝겊 종류를 태우는 냄새에 대한 기억이 남아 있다. 그 냄새가 몹시 역했다. 반쯤 타다 버려진 예쁜 인형들이 골목 안에서 굴러다녔다. 다섯 살이었던 나는 왜 이쁜 인형들을 저렇게 태우는지 몰랐다. 어른이 된 후 일본 작가 이츠키 히로유키의 글을 읽으면서 적선동에서 헝겊 타던 냄새가 떠올랐다. 이츠키 히로유키는 부모를 따라 조선에 와서 유소년기를 살았다. 중학생 때 평양에서 패전을 맞았다. 하루아침에 삶의 조건이 달라져 황망하고 고통스러웠던 기억을 여러 책에서 언급했다. 앞집에 살던 일본 사람들이 물건을 태우던 것은 이츠키 히로유키처럼 한국에 살던 패전국 국민이 일본으로 돌아가기 위한 준비 같은 것들이었다.

북악산은 바라보던 산이었지만, 인왕산은 뛰놀던 산이었다. 나는 매동초등학교를 4학년까지 다니다가 1·4 후퇴 때 피난 가서 매동초등학교를 졸업하지 못했다. 매동초등학교는 인왕산 아래 있다. 후문으로 나가면 바로 산이다. 인왕산에는 아까시나무가 많았다. 아카시아꽃이 피면 그 꽃을 따 먹었다. 살짝 달큼하고 향긋했다. 매동초등학교 다닐 때는 점심시간에 교무실에 자주 불려 다녔다. 선생님이 교무실에 있는 마이크에 대고 노래를 부르라고 시켰다. 내 노래가 운동장으로, 인왕산으로 퍼져나가곤 했다. 내가 노래를 잘 불렀다는 기억은 없는데, 목청이 좋았던 걸까. 선생님들의 귀여움을 받던 행복한 시절이었다. 운동장과 인왕산은 나의 노래를 기억하고 있을까.

사직터널이 뚫리기 전에는 사직동과 서대문구를 가르는 낮은 등성이가 있었다. 독립문 쪽으로 고갯길이 있어 넘어 다녔다. 독립문 쪽을 영천이라고 불렀다. 9·28 수복 작전 때 우리 가족은 그 고개 밑으로 피신했다. 인천 쪽에서 국군이 쏜 포탄은 등 뒤에서 우리 머리 위로 날아가 인왕산에 떨어졌다. 인민군들이 인왕산으로 퇴각하고 있었다. 포탄이 한 번씩 떨어지면 모여 있던 개미 떼가 흩어지듯이 인민군의 무리가 순간 쫙 흩어진 후 잠잠해지곤 했다. 우리가 서 있던 자리에서 그 광경이 보였다. 초등학교 4학년 때 목격한 전쟁의 현장이었다.

북한산과 한강 그리고 남산

• 나의 서울 이야기 3 •

나는 성인이 된 후에도 강북에서 살았다. 나의 고향은 서울이고 나에게 서울의 의미는 강북이다. 1970년대 초, 결혼 후 30대 초에 이촌동으로 들어와 초기에 한 번 아파트를 옮긴 후, 지금까지 같은 아파트에서 쭉 살고 있다. 이 동네에서 52년을 살았다. 우리 동네에 살던 여고 동창이 10여 명이었는데, 강남이 개발되면서 강남으로, 분당으로, 용인 수지로, 더러는 강북의 다른 동네로 다 이사하고 나만 남았다. 아직도 그 동네 사세요? 하는 말도 들었다. 무슨 신념이 있었던 건 아니었고 무능하고 게으르다 보니 그렇게 되었다. 지금은 오래 산 이 동네, 낡은 이 아파트가 내 몸에 맞는 옷처럼 마음이 편안하다. 그러나 오래된 아파트라 엘리베이터가 없으니, 몸은 힘들다. 젊은 시절에는 군세게 올라다녔는데, 이제는 버겁다.

이촌동은 강북과 강남의 중간인 동네다. 강북으로도 강남으로도 접근이 쉬워 교통의 불편을 모르고 살았다. 2005년에 국립중앙박물관이 이촌동 옆으로 이사해서 우리 동네의 품위를 높여줬다. 내가 사는 동안 큰불 난 일이 없고 끔찍한 사건도 없었다. 어두운 구석이 없는 양명한 동네다. 겉치레보다는 실속을 중히 여기는 정서가 있다. 함부로 클랙슨을 눌러대지 않는 예의도 있다. 학군을 중요하게 여기는 이들에게는 인기가 없는 동네이기도 하다. 근래에 집값이 올라 부자 동네의 반열에 들어가는 모양새인데, 그렇다고 졸부의 허세가 그리 많이 보이지는 않는다. 겉을 화려하게 꾸며도 속에 실이 없으면 지갑을 안 연다. 이촌동을 잘못 알고 가성비 낮은 가게를 내면 1년을 못 넘기고 문을 닫고 만다. 상가가 부족하니 임대료가 비싸고 따라서 물건값이 싸지는 않다. 동네 한 가운데 전통 시장이 있는데, 물건값이 비싸다고 신문에 난 일도 있다.

이촌동에 살면서 매주 일요일 새벽에는 구기동에서 대남문을 오르고, 틈틈이 북한산의 다른 등산로도 올라 다녔다.

진달래가 피는 계절에 정릉에서 보국문 쪽으로 올라가며 칼바위 능선을 바라보고, 대동문을 거쳐 진달래 능선으로 내려오는 등산길을 좋아했다. 진달래능선에서는 멀지 않게 삼각산이 보인다. 삼각산이란 이름은 세 개의 각산(角山), 마치 뿔처럼 솟은 세 개의 봉우리, 백운대(836m), 인수봉(803m), 만경대(800m, 일명 국망봉)에서 유래한 것이다. 북한산 전체를 삼각산으로 지칭하기도 하지만 백운대, 인수봉, 만경대의 세 봉우리를 지칭하기도 한다. 조선 시대에는 북한산보다 삼각산으로 더 많이 불렸다.

삼각산은 바라만 봐도 마음이 설레는 북한산의 최고봉이다. 능선에 피어 있는 진달래를 보기 위해서라기보다는 삼각산을 바라보기 위해 진달래능선에 가곤 했다. 서울 밖으로 나갔다가 올림픽대로로 들어올 때, 성수대교 근처쯤 오면 삼각산이 멀리 보인다. 차창 밖으로 눈을 돌려 한 번씩 확인하곤 한다. 어쩌다 3호선 전철을 타고 일산 방향으로 갈 때도 구파발을 지나면서 삼각산의 뒷벽을 확인한다. 광화문에 나가면 북악산 뒤로 보이는 보현봉을 확인한다. 맑은 날에는 이순신 장군 동상 앞에서 보현봉이 보인다. 보현봉 아래에 일선사가 있다. 그 코스는 평창동에서 올라간다. 나는 북한산 바라기다.

봄이면 남산에 벚꽃 터널이 생긴다. 우리 동네서도 빌딩 사이로 벚꽃 소식을 알 수 있다. 한참 걷기를 즐겨하던 시절, 남산에 벚꽃이 만개한 오후, 우리 부부는 남산 도서관 쪽으로 올라가서, 명동 쪽으로 내려오는 남산 걷기를 하곤 했다. 싱그러운 벚꽃에 감탄하며 산을 넘었다. 걷기의 종점은 을지로 입구에 있는 생맥줏집. 생맥주와 간단한 안주로 목을 축이고, 직장인들이 몰려오기 전에 그 집을 빠져나왔다. 전철을 타고 들어오면서 봄날의 하루가 충만했다는 기분에 젖곤 했다. 남산은 벚꽃 필 때만 좋은 게 아니다. 여름의 녹음, 가을의 단풍, 겨울의 설경도 놓치면 아까워서 계절마다 걸으면서 즐겼다.

우리 집에서 한강은 보이지 않지만, 천천히 걸어서 10분이면 한강 변에 닿는다. 마음만 먹으면 어느 시간에도 나갈 수 있다. 새벽에 나가서 걷고, 저녁 식사 후에도 나가서 바람 쐰다. 산을 좋아하긴 하지만, 산밑에 사는 거보다는 강 옆에 사는 게 일상생활에서는 편리한 점이 많다. 아침 산책을 산으로 오르는 건 아무래도 매일 하기는 어려운 일 같다. 저녁 식사 후에도 강바람 쐬러 나가듯 산에 올라가기는 편안치 않을 것이다. 아들이 군에 가고 딸이 유학 갔을 때, 우리는 저녁 강변에 나가 앉아 흐르는 강물을 바라보며, 애들이

가 있는 쪽을 향해 기도했다. 조용필의 노랫말처럼 '이 세상 어디가 숲인지 어디가 늪인지, 그 누구도 말을 않는' 객지에 나가 있는 자식들에게 염력을 보내던 시간이다.

이촌동 강변의 절경은 여름날의 저녁노을이다. 낮이 무더울수록 노을빛은 더 강렬하다. 서쪽 바다의 노을과 달리 여의도 고층빌딩을 물들이는 이촌동 노을은 도시인의 우수를 자극한다. 강변을 걸으면서 건강을 다지고, 계절마다 달라지는 풍경을 음미하고, 강물을 바라보며 마음의 평화를 찾고. 한강이 품고 있는 공덕은 많다. 50여 년간 한강의 은택을 부족함 없이 누리고 살았다.

지금 내 나이는 시골에 가서 살던 친구들이 다시 도시로 돌아오는 시기이다. 친구들이 시골로 떠나던 시기, 전원생활을 막연히 동경했지만, 서울을 떠나고 싶지는 않았다. 나를 서울에 잡아매고 있는 것은 북한산과 한강과 남산이었다. 저들은 자연이지만 좋아하다 보니 마치 내 피붙이같이 끈끈한 정이 들었다 할까. 기대고 살면서 위로받던 저들을 두고, 서울을 떠나 사는 게 행복할 것 같지 않았다. 요새는 북한산도 남산도, 심지어는 한강 변도 자주 못 나가는 처지가 됐지만….

옛 서울 풍경

• 나의 서울 이야기 4 •

내가 마음속에 간직하고 있는 옛 서울 풍경은 박석 마당과 종묘의 정전이다.

여름비가 대차게 내리는 날, 조정(朝廷)이라고도 부르는 경복궁 근정전의 박석 마당에 가 봤다. 화강암을 크고 넓적하게 잘라서 표면을 반지르르하게 다듬지 않고 울퉁불퉁한 돌의 모습 그대로 불규칙하게 배열해 놓은 곳, 그 마당에 비가 쏟아져 내리고 있다. 빗물이 마당으로 흘러넘치지 않고, 북쪽에서 남쪽으로 박석 사이 물길을 따라 내리다가 양쪽에 있는 수구로 빠져나간다. 얼른 보면 눈치채지 못하지만, 지면이 경사를 이루고 있어서 가능한 일이다. 조선 시대에 왕을 만나는 신하들이 서 있던 곳이다. 박석 사이에 물길을 낸 것은 비 올 때의 배수를 위해서이다. 매끄러운 돌 표면은 햇빛을 반사하여 장시간 서 있는 신하들의 눈을 피로하게 한다. 눈을 덜 피로하게 하고, 가죽신을 신은 신하들이 미끄러지지 않게 하려는 두 가지 의도로 거친 돌을 그대로 썼다고 한다. 선조들의 지혜가 만들어 낸 풍경이다. 무심한 박석의 덕성스러운 돌 맛과 여름비의 운치를 느낄 수 있는 곳이다.

밤새 눈이 푸지게 내린 날 아침, 눈 녹기 전에 종묘로 달려갔다. 정전(正殿)을 바라보며, 그 침묵을 사진 속에 담고 싶었다. 종묘 정전은 조선 시대 역대 왕과 왕비, 그리고 세상을 떠난 후에 추존된 왕과 왕비의 신위를 봉안한 곳이다. 말하자면 한때 세상을 주무르던 이들의 이름이 모여 있는 곳이다. 정전은 가히 왕들의 권위를 나타내는 긴 일자 건물이다. 오늘은 눈에 파묻혀 고요하다. 왕들의 어명은 다 어디로 갔나. 이곳이야말로 역사의 침묵을 일깨워 주는 장소이다. 침묵을 사진에 담을 수 있는 곳이다.

최근에 한 후배와(요즈음 내가 만나는 후배는 다 70대이다.) 을지로3가에서 점심을 먹고 을지로입구 쪽으로 걸어가서 커피를 마신 일이 있다. 이 지역을 지상에서 걸어본 게 수년 만이라, 을지로는 우리에게 낯선 도시가 되었다. 우리는 외국 도시에 온 관광객처럼 커피집을 찾았다.

강북이 변하고 있다. 을지로만 변하는 게 아니다. 종로도 변하고 용산도 스카이라인이 달라지고 있다. 인사동에 가도 이제 옛 정취를 느낄 수 없다. 나의 기자 시절, 인사동은 골동품 거리였다. 그때는 요즘 같은 인파가 없었다. 한가하고 조용했다. 취재가 없는 오후 그 거리에 들어서서 천천히 걸으며 옛 물건들을 감상할 수 있었다. 기자 생활로 바빠진 마음을 잠시 쉬어가는 공간이었다. 마음이 느긋해지곤 했다. 조선 목기와 민예품의 아름다움에 눈을 뜨게 된 것도 그 거리에서였다.

강북이 개발되는 것은 당연한 과정이다. 그러나 한편으로 북촌에 한옥마을이 있어 하룻밤이라도 묵어 볼 수 있으니 얼마나 다행한지. 북촌이나 익선동의 한옥 지구가 오늘의 모습으로 보존될 수 있었던 건 100년 전의 선각자 정세권 선생을 비롯한 개발업자들 덕분이다. 부동산 개발업자였던 정세권 선생은 1920년대 양반들의 큰 한옥을 사들여 부수고 그 자리에 작은 한옥 여러 채를 지어서 조선인들에게 공급했다. 일본인 손에 넘어갈 뻔한 북촌을 지킨 것이다. 덕분에 1층에서 낮은 하늘을 볼 수 있는 한옥 집단 지역이 남아 있게 되었다. 강북이 고층으로만 개발되지 않고 역사적 가치가 있는 북촌과 같은 구시가지가 보존된 것은 다행한 일이다.

내 마음의 고향 숙명

• 나의 여고 시절 1 •

강남의 요지에 자리 잡은 숙명여중고는 나의 모교다. 내가 다닐 때는 학교가 수송동에 있었다. 지금 종로구청 자리에 수송초등학교가 있었고, 동쪽으로 길 건너에 모교가 있었다. 붉은 벽돌 건물에 담쟁이가 덮인 고풍스럽고 격조 있는 교사, 강남으로 이전할 때 건물 하나를 옛 모습 그대로 옮겨 도서관으로 쓰고 있다. 언제라도 찾아가면 추억이 살아나는 곳이다.

여고를 졸업하고 대학에 갔을 때 느꼈던 자유로운 기분을 지금도 생생하게 기억하고 있다. 온몸과 마음을 죄고 있던 규율에서 벗어난 해방감이었다. 여고 시절의 하루는 교문

양쪽으로 늘어선 규율부 사이를 통과하여 등교하는 것으로부터 시작됐다. 수업이 끝나면 풀 먹여 빳빳하게 다린 하얀 에이프런으로 갈아입고, 줄 맞추어 무릎 꿇고 복도를 반질반질하게 길들였다. 조회할 때는 규율부 선생님이 소리 없이 학생들 사이를 다니면서, 긴 머리나 단정치 못한 복장을 지적했다. 대학 시절에 돌이켜 본 여고 시절은 한마디로 규율 그 자체였고, 추억과 지겨움이 섞인 복합적인 정서가 떠오르는 시기였다. 뭘 모르던 때였다고나 할까.

지금 돌이켜 보면 어떤가. 그때 우리가 받았던 교육은 오늘의 시점에서 바라보면 정말 '클래식'한 것이었다. 나이 들면서 그런 교육을 받을 수 있었던 것이 행운이었다는 생각이 들었다. 엄격함이라는 틀 속에 갖춰진 그 내실이 얼마나 귀한 것이었는지.

카리스마 넘치던 문남식 교장 선생님이 실력과 열정이 있는 교사들을 학교로 끌어들이기 위해 노력을 많이 기울였고, 그 교사들의 낭만까지도 감싸서 기를 살려줬다는 것을 후일담으로 들었다. 다닐 때는 몰랐는데, 사회생활을 하면서 우리를 가르쳤던 선생님들이 각계의 쟁쟁한 실력자들이라는 사실을 알게 되면서 괜히 우쭐한 기분이 들 때도 있었다. 시의 김구용, 김용팔, 박명성, 문학평론의 정창범, 연극

비평의 이태주, 서양화의 이준(제2회 국전 대통령상 수상), 임직순(제5회 국전 대통령상 수상), 조각의 윤영자, 서울 시향 지휘자 정재동, 〈비목〉 작곡가 장일남 선생 등이 우리의 선생님이었다.

담쟁이로 덮여 있던 그 붉은 벽돌 캠퍼스 안에서 있었던 일들은 한 폭의 그림처럼 아름답게 떠오르는 추억이다. 19세기 영국 소설을 읽는 것처럼 지금 세대에서는 찾기 힘든 풍경들이다. 한문을 가르친 시인 김구용 선생님. 어느 날 수업에서 선생님은 칠판 가득히 소동파의 〈적벽부〉를 썼다. 복사기가 없던 시절이다. 그 멋진 한문 필치로 한 줄 한 줄을 설명하셨다. 그때 우리는 겨우 고등학교 2학년짜리였다. 얼마나 알아듣는다고 그러셨는지. 그날의 수업은 유장한 아름다움으로 내 마음에 새겨져 지워지지 않는다.

잊을 수 없는 선생님들

• 나의 여고 시절 2 •

고등학교 2학년 때 막 생긴 교내 신문《숙란》을 지도해 주신 백시영 선생님.《숙란》기자였던 나는《숙란》의 사설인 〈숙란의 말〉을 가끔 쓸 기회가 있었는데, 그것은 순전히 선생님이 나를 인정해 준(?) 덕이었다. 대학을 졸업하고 첫 직장을 신문사로 택한 것은 아무래도《숙란》의 인연이 아니었나 생각한다. 졸업 후에도 선생님은《숙란》과 관계있는 학교 행사가 있을 때는 나를 꼭 불렀고, 후배들 앞에서 나를 내세워 주시곤 했다. 스승에게 인정받는다는 것은 신나는 일 아닌가. 사람은 인정받는 만큼 성장한다는데.

박순만 불어 선생님도 잊을 수 없는 스승이다. 대학 시험을 치르러 가기 전 어느 날, 선생님이 나를 불렀다. "이휘영 선생님을 며칠 전에 뵀는데, 네 얘기를 잘해놨으니까 안심하고 시험을 잘 쳐라."라고 격려해 줬다. 이휘영 선생님은 그때 서울대학교 문리과대학 불문과의 학과장이었고, 박순만 선생님은 그 제자였으며, 서울대 불문과를 지원했던 나는 손녀뻘 제자가 되려는 참이었다. 하여간 나는 조금은 안심이 되었다. 내가 합격했다는 보고를 드리자, 선생님은 "오래간만에 만난 은사에게 어찌 내 제자를 잘 봐달라고 할 수 있겠나? 너 힘내라고 그리 말한 거다."라고 실토했다. 아, 제자를 염려해 준 선생님의 그 순수한 마음. 선생님을 생각하면 가슴 찡한 고마움이 올라오곤 한다.

고3 때 이른 새벽, 정규 수업 한 시간 전에 원하는 사람은 다 오라 해서 무료로 영어 과외를 해준 노재민 선생님. 선생님이 영어 문장을 명쾌하게 구문으로 난도질(?)해서 이 구문은 끌어다 여기에 붙여서 해석하고, 이 구문은 떼어내어 해석하고 하면서 설명하면 안개 속의 사물처럼 희미하던 내용이 선명하게 드러났다. 그때 느꼈던 재미, 그것은 공부의 재미였다. 그 재미에 푹 빠져 바닥이었던 내 영어 실력이 여름 풀처럼 쑥쑥 자라났다. 선생님의 영어 과외 덕에 대학에 들어갈 수 있었다고, 나는 지금도 그렇게 생각하고 있다. 그리고 어떤 분야에서도 알아야 할 만큼 알아야 자유롭게 난도질할 수 있다는 것을 배웠다. 그런데 이건 선생님은 모르시는 나의 사정일 뿐이다.

2014년이던가, 선생님의 처제인 우리 동기 이정윤이 서울에 왔을 때 선생님의 소식을 들었다. 미국에 이민해서 사시는 것은 알고 있었는데, 항상 궁금했던 선생님의 근황을 듣게 되었다. 정윤이 언니인 사모님과 아름답게 사신다고. 정윤이 편에 내가 만든 〈즐겨듣는 노래 모음〉 CD를 보내 드렸다. 그 일을 계기로 선생님과 이메일을 개통했다. 이름도 얼굴도 기억에 없는 제자의 고마움이 선생님께 전달되었다. 반가워하셨다.

선생님은 이메일에서 나를 '이 선생'이라고 불렀다. 나는 그 지칭이 좋았다. 뭔가 내가 괜찮은 사람이 된 것 같은 느낌이랄까. 선생님과는 전공이 다르지만, 같은 대학의 선후배였기 때문에 대학 시절 얘기도 통했다. 메일을 보내고 나면 답장을 기다렸다. 2015년에 낸 내 책 《불교의 여성성불 사상》도 보내드렸다. 한참 만에 답장이 왔다. "말 그대로 from cover to cover(앞표지에서 뒤표지까지)를 통독하느라" 답장이 늦었다고 했다. 기독교 신자인 선생님은 불교에 대해 잘 모르기 때문에 한 번 더 읽어야겠다는 말씀과 함께 100달러의 우편환을 보냈다. 도서관에서 근무했던 선생님은 저자의 책을 받으면 그 저자에게 100달러를 답례로 꼭 드렸다고, 그게 당신의 평생 습관이라고 했다. 아, 멋진 신사, 노재민 선생님. 2017년부터 우리 집 거사의 간병이 시작되어 이메일을 못 드렸다. 선생님과의 연락이 끊어졌다.

지금 나는 다시 이메일을 할 수 있는데 못 하고 있다. 받은 편지함, 보낸 편지함에 들어 있는 옛날 글들만 읽는다. 연세 있는 선생님의 근황이 어떤지 알게 되는 게 두려워서.

문예반의 두 선생님

• 나의 여고 시절 3 •

고등학교 문예반에서 배운 두 분 시인, 김용팔 선생님과 박명성 선생님은 졸업 후에도 인연이 이어졌다. 2001년 뉴욕에 갔을 때 김용팔 선생님을 뵈었다. 선생님의 주소를 보니 내가 머물고 있던 아스토리아의 딸 집에서 멀지 않았다. 아침 9시 반에 전화했는데 10시에 만나자고 하셨다. 마운트 사이나이 병원 앞에서 만나기로 했다. 나는 병원 앞에 서서 각 방향의 보도 쪽을 연신 휘돌아 보며 선생님을 기다렸다. 지팡이를 짚고 걸어오는 80 노인의 모습을 상상하면서. 그런데 저쪽에서 좌회전을 한 승용차 한 대가 내 앞에 서더니 선생님이 "타!" 하고 소리쳤다. 선생님은 어디로 간다는 설명도 없이 냅다 프리웨이로 들어서서 달렸다. 플러싱의 공용 주차장에 차를 세우고는 은행에 볼일이 있어 잠깐 다녀올 테니 이거 읽고 있으라고 시집을 주셨다. 미수 기념으로 얼마 전에 낸 시집《귀거사》였다. 나는 공용 주차장의 차 안에서 시집을 읽었다. 숙명 문예반에서 시를 배우던 시절로 돌아간 느낌이 들었다. 선생님은 한국 음식점으로 가서 점심을 사줬다. 와인 두 잔을 주문하더니 "마셔." 하셨다. 물론 내 의견은 묻지 않았다. 그리고 두 잔째의 와인을 주문해서 "마셔." 하셨다. 내가 "운전하셔야 하는데 괜찮으세요?" 하고 여쭈니 "슬슬 얘기하다가 천천히 떠나면 괜찮아."라고 했다. 식사를 마치고 커피를 마시면서 선생님과 '슬슬 얘기하다가 천천히 떠나서' 마운트 사이나이 병원 앞에서 헤어졌다. 선생님과 헤어져 오면서 나는 기분이 아주 좋았다. 뭔가 선생님의 한 식구로 인정받은 것 같은 느낌이었다. 60이 다 된 제자에게 설명도 하지 않고 의견도 묻지 않는 선생님의 당당한 모습이 너무 멋져 보였다. 한번 스승은 영원히 스승이고, 한번 제자는 늙어도 제자니까.

며칠 후 선생님을 한 번 더 뵈었다. 선생님의 시집을 읽으면서 선생님이 점심에 맥주를 즐기신다는 걸 알았다. 맥주 중에서도 독일 맥주 백스를 좋아하셨다. 사드리고 싶었다.

선생님 댁을 방문하고 싶다고 전화하니 흔쾌히 오라고 했다. 백스는 미국 슈퍼에서 사고, 한국 슈퍼에서 냉동 대구살을 샀다. 선생님 댁에 가기 직전 대구살로 전을 부쳤다. 식지 말라고 대구 전을 두꺼운 타월로 꽁꽁 쌌다. 카트 위에 맥주와 대구 전을 올려놓고 끌면서 걸어갔다.

선생님은 가톨릭 재단에서 운영하는 노인 아파트에서 사셨다. 선생님은 키가 크신 분인데 사모님은 아담하고 귀여운 모습이었다. 사모님은 나를 오래간만에 친정에 다니러 온 딸처럼 따듯하게 맞아줬다. 사모님과 인사가 길어지자, 선생님이 슬그머니 내 팔을 끌어 소파에 앉혔다. "내 손님인데…"

아직 온기가 남아 있는 대구 전 하나를 집어 사모님 입에 넣어 드렸다. 친정엄마 만난 딸처럼. 선생님도 잡수셨다. "맛있네, 이거 무슨 생선이야?" 테이블 위에는 냉장고에서 차게 식힌 백스가 놓여 있었다. 맥주를 마시면서 선생님과 슬슬 얘기를 시작했다.

선생님과 김구용 선생님은 절친이었다. 연배로는 김용팔 선생님이 위였지만, 문단 경력으로는 김구용 선생님이 먼저였다. 평생을 시인으로 사신 두 분은 시의 도반이었다고 할까. 같은 학교에서 근무했으니, 문예반 친구들은 다 아는 사실이다. 미국에 사는 김용팔 선생님이 한국에 오면 두 분은 막걸릿잔을 기울이면서 그간의 회포를 풀곤 했다. 서로에게 얼마나 귀한 만남이었을까. 그런데 어느 때부터 김구용 선생님이 건강 때문에 술을 못 드셨다. 간단한 점심 식사와 차가 막걸리를 대신했다. 긴 시간도 허락되지 않았다. 선생님은 그렇게 헤어지는 게 허전하고 쓸쓸했다고 회고했다. 우리가 김구용 선생님을 회고하고 있던 시간 서울의 김구용 선생님은 와병 중이었다. "이제는 서울에 가도 못 보겠지." 선생님의 목소리가 쓸쓸하게 젖어 들었다. 얼마 후 김구용 선생님은 그 해를 못 넘기고 돌아가셨다.

선생님은 미국으로 이민 가 30년 가깝게 살면서 모국어로 시를 썼다. 2000년에도 시집 《자화상》을 냈다. 그때는 서울에 와서, 제자들이 조촐한 출판기념회를 열어드렸다. 《귀거사》 후기에 선생님은 당신의 시를 "점잔빼지 않고, 위축되지 않으면 누구나 하게 되리라는 말들일 것"이라고 표현했다. 늙어서 점잔빼지 않고 위축되지 않는 것이 어디 그리 말처럼 쉬운 일인가. 김용팔 선생님은 그렇게 멋진 노년을 보내고 계셨다.

박명성 선생님과의 인연은 좀 다른 것이다. 문예반 시절의 선생님은 냉정한 느낌을 주는 분이어서 가까이 다가가기가 어려웠다. 대학 졸업 후, 동기인 권미영, 문홍자가 숙명에 관계한 인연으로 숙명 도서관의 박희 선생과 내가 합쳐 선생님과 묶였다. 외교관이신 부군 남 대사님을 따라 외국에 몇 년씩 가 있다가 서울에 돌아오시면 우리 모임이 활기를 띠었다. 선생님과 만나면 마음이 낭만적 무드가 되어, 그냥 재미있었다. '인생' '사랑' 이런 젊은 날의 고뇌는 항상 우리 모임의 주제였다. 1992년, 선생님이 동경에 계실 때 문홍자, 박희 선생과 나 셋이 동경으로 날아가서 선생님과 일본 여행을 했다. 일본 열도가 벚꽃으로 뒤덮인 계절이었다. 선생님 댁에 머물면서 동경 시내 관광도 하고, 일본의 고도인 교토, 나라에도 갔고, 하코네의 온천장에도 다녀왔다. 선생님 댁에서 아침에 먹던 따끈하고 바삭바삭한 토스트와 커피, 비 오는 날에 걸었던 벚꽃 흐드러진 우에노 공원, 교토의 '철학의 길'을 걷던 일, 내게는 한 컷 한 컷이 추억의 명장면이다.

몇 년 전 어느 봄날, 선생님과 단둘이 산수유를 보러 드라이브를 나갔다. 우리가 찾아간 산수유 마을은 개발에 밀려 산수유는 다 잘리고 소규모 공장지대가 되어버렸다. 실망하고 돌아서서 북한강이 보이는 음식점을 찾아 점심을 먹고 차를 마시는 것으로 섭섭함을 달랬다. 그날 우리의 화제는 다이구 료오깐(大愚良寬, 1758~1831) 스님이었다. 료오깐 스님은 일본의 교과서에도 나오는, 일본인들이 사랑하는 선승으로 천진 무애의 자유인이다. 만년의 료오깐 스님은 심한 설사에 시달렸다. 이 소식을 듣고 비구니인 데이신니가 달려와 스님을 정성껏 간호했다. 두 사람은 데이신니가 료오깐을 찾아와 와카를 배우면서부터 맑은 애정을 쌓았던 사이였다. 데이신니는 슬펐다.

생사의 경지를 넘어서 사는 몸이라 할지라도
다시 이별이 있음을 슬퍼함이여

이렇게 적어 료오깐에게 보였다.

그러자 료오깐은 답했다.

겉도 보이고 속도 보이며
떨어지는 단풍이여

아름다운 비구니 앞에서 설사하면서 죽어가는 자기의 모습을 이렇게 내보인 료오깐 스님. 선생님과 나는 그 료오깐 스님을 좋아했다.

오랜 세월 동안 선생님을 만나 뵈면서 많이 배웠다. 냉정한 인상 뒤에 감춰진 따듯한 마음과 남에 대한 선생님의 속 깊은 배려도 알게 되었다. 선생님 앞에서 질질 우는 못난 내 '속'도 보여드렸다. 선생님은 몇 년 전에 돌아가셨다. 슬프다. 선생님이 안 계신 내 일상의 한 귀퉁이가 허허하다.

젊었을 때는 젊음이 얼마나 좋은 것인 줄을 모르고, 은혜를 알게 될 때는 이미 은혜를 베푼 분들은 저만치 가 계시는 것이 인생의 아이러니 아니던가. 변변한 인사 한번 드리지 못한 못난 제자는 스승님들께 '정말 고마웠습니다'라고 뒤늦은 인사의 말씀을 올린다.

숙명백년기념 숙명백인문집
《나 그대 위해 연어가 되고 담쟁이가 되리라》 2006.5.10

* '나의 여고 시절 1, 2, 3'은 숙명백인문집에 발표한 글에, 그 이후 생긴 사연을 보충한 것이다.

3.

아, 히말라야

산티아고, 수행의 길

아, 히말라야

같은 시간에 같은 일을 하는 것이 3년이 넘으면 그것을 '전통'이라고 말할 수 있다고 한다. 그런 의미로 보면 우리 집의 일요일 새벽 등산은 우리 가족의 전통이었다고 하겠다. 1980년대 후반에 우리 집 거사가 직장 후배들끼리 해오던 일요일 새벽 등산 모임에 합류했고, 몇 년 후 나도 그 모임에 끼였다. 아주 나중에는 우리 아이들도 어느 기간 동안 그 모임에 합류했다.

일요일 새벽 5시에 일어나서 준비하고 5시 반이면 집을 나선다. 구기동 입구 쪽에서 북한산을 오른다. 대남문이 종점인데 나는 거기까지 못 오르고 세 번째 쉼터가 되는 깔딱

고개에서 멈추기 일쑤였다. 힘들면 두 번째 쉼터에서 주저앉기도 한다. 새벽 숲속에 앉아 숲 냄새를 맡으면서 나무를 올려다보고 새소리를 듣는 정취는 산 정상에 오르는 성취감만 못지않았다. 나는 그 시간을 은근히 즐겼다. 그 시간은 나에게 잡념의 시간이나 명상의 시간이 되기도 하고, 자연을 배우는 시간이기도 했다.

나뭇잎이 다 떨어진 늦가을 어느 날, 새 한 마리가 내가 앉아 있는 근처에서 마른 나뭇가지를 입에 물고 날아오르는 것을 봤다. 올려다보니 근처에 새집이 있었다. 새는 물고 간 나뭇가지를 제집에 놓고 다시 내려왔다. 또 가져가려는 것이다. 새는 지금 집을 짓는 중이었다. 이번에는 입에 물었던 것을 내려놓고 다른 것을 물고, 또 내려놓고 다른 것을 물곤 했다. 새는 나뭇가지를 골랐다. 나는 깜짝 놀랐다. '새도 집을 지을 때, 나뭇가지를 고르는구나.' 나는 그동안 새의 지능을 너무 얕보고 있었다!

올라갔던 사람들이 내려오면 같이 하산해서 구기동에 있는 두부 전문 식당으로 간다. 8시부터 8시 반 사이에 멤버들이 그곳으로 온다. 등산은 각자가 자기 사정, 자기 취향대로 한다. 네다섯 명이 모이기도 하고 열 명이 오는 날도 있다. 막걸리 한잔과 두부, 나물 반찬과 눌은밥으로 아침 식사를 하면서 담소하고 헤어진다. 선후배 간의 담소는 항상 따듯했다. 그러기를 30년 가깝게 해왔다. 그야말로 미야자와 겐지의 시처럼 "비에도 지지 않고, 바람에도 지지 않고, 눈에도 여름 더위에도 지지 않고" 해왔다. 우리 집 거사는 은퇴 후에는 전국의 산을 혼자서 돌아다녔다.

산을 좋아하는 사람들의 마지막 로망일까. 2007년에 들어서 거사가 "히말라야를 한번 가야 하는데…" 하는 소리를 하기 시작했다. 그때마다 나는 "혼자 가세요, 나는 못 가요."라고 했다. 대남문(658.7m)도 못 올라가는 주제에 히말라야를 어떻게 가? 그해 가을 들어 불교계 신문에 '안나푸르나 정통 로얄 트레킹 9일'이라는 여행사 광고가 나왔다. 거사의 눈이 번쩍 뜨였다. 그런데 안 가겠다던 나도 무엇에 홀린 듯이 가고 싶어졌다.

우리는 광고를 낸 여행사를 찾아갔다. 담당 직원을 만나서 '우리 같은 노인네도 히말라야 트레킹을 할 수 있겠냐?'고 물었다. "하시고 말고요. 얼마 전에 70대 어르신들을 모시고 다녀왔는데, 잘들 걸으셨어요. 그냥 네팔의 산간마을을 구경하시면서 슬렁슬렁 걸으시면 돼요." 직원은 아무렇지 않게 응수했다. "사람으로 태어났으면 거기는 꼭 한번 가봐야 하는 곳이죠."라고도 했다. 나중에 깨달았다. '슬렁슬렁'이라는 말이 얼마나 심한 과장이었는지. 물론 그때도 과장이라는 걸 아예 모른 건 아니었지만, 가고 싶어서 믿은 것이다.

우리는 2007년 10월 18일 히말라야로 떠났다. 일행은 10명이었다. 거사의 친구 부부와 그 친구의 처남 부부, 그리고 우리 부부 여섯은 비슷한 연배였다. 대전에서 올라온 중년의 대학교수 부부, 그리고 30대 중반의 여성과 남성으로 10명의 일행이 짜졌다. 카트만두에서 하룻밤을 자고 다음 날 국내선 비행기로 포카라에 갔다. 안나푸르나는 포카라에서 올라간다. 포카라는 곳곳에서 히말라야 연봉들이 보인다. 카트만두에 도착했을 때 히말라야의 나라에 먼지가 왜 이렇게 심한가, 하고 놀랐다. 포카라는 카트만두와 달리 공기가 맑고, 시야에 들어오는 히말라야의 연봉들이 지긋이 인간들을 내려다보는 낙원 같은 도시다. 그날 오후 2시경 나야풀에 도착해서 히말라야 입장료를 내고 산행을 시작했다. 5명의 가이드, 5명의 포터, 5명의 식사 담당, 우리 1명당 1.5명의 네팔 서포터가 지원하는 트레킹이었다.

산행을 시작한 지 30분 만에 나의 본색이 드러나고 말았다. 고도가 높아지기 시작하자, 앞이 흐릿해지면서 어지러워졌다. 나 때문에 일행이 멈춰 섰다. 다른 이들은 아무렇지 않은 듯했다. 거사가 나를 붙들고 서서 비상약을 줬다. 어지러움이 가신 후에 다시 걷기 시작했다. 히말라야가 벌써 내게 경고를 보냈다. 그날은 힐레 마을(해발 1,475m)까지만 갔다. 힐레 마을에는 게스트하우스가 여러 채 있고 이미 도착한 트레킹 팀들로 마을이 북적였다. 트레킹의 전진기지 같은 마을이었다. 저녁 식사 후 베란다에 일행이 모였다. 트레킹 출정식(?)을 했다. 가져간 와인과 소주를 내놓고 마시면서 통성명을 했다. 처음 만나는 이들인데도 오랜 지기처럼 어색함이 없었다. 막연한 동지 의식이 생겼다고 할까. 다들 히말라야가 줄 감동을 기대하며 설레는 마음을 감추지 않고 떠들었다.

단풍이 든 가을의 히말라야는 아름다웠다. 춥지도 덥지도 않은 날씨에 공기는 청정했다. 올라가는 길옆에는 드문드문 산간마을이 자리했다. 마을 옆에는 우리나라 남해 다랑이 마을에서 보는 계단식 논과 밭이 있었다. 이렇게 높은 곳에서 살며 벼농사까지 짓는구나. 그 삶에도 고단함은 있겠지만 겉으로 보면 평화롭기만 했다. 언덕 위의 마을 울레리(1,960m)의 식당과 숙소를 겸한 롯지에서 첫날 점심을 먹었다. 롯지 마당에는 식사할 수 있는 식탁과 의자가 있다. 의자에 앉으니, 건너편 산 너머로 설산의 봉우리가 보였다. 히말라야 정원에서 설산을 바라보며 점심을 먹다니! 식사 담당부는 벌써 와서 우리에게 먹일 점심을 준비해 놓고 있었다. 우선 따듯하게 덥힌 오렌지주스 한 잔씩을 주었다. 오렌지주스를 따듯하게 덥혀 먹는다? 땀 흘린 뒤 마시는 따듯한 오렌지주스가 피로감을 쉽게 해소해 준다는 것을 알게 됐다. 그리고 한국식 비빔밥이 나왔다. 콩나물 시금치는 없지만, 네팔에서 나는 채소들과 고추장 그리고 참기름, 스테인리스 대접에 비벼 먹으란다. 히말라야에서 비빔밥을 먹으리라고는 예상 못 했다. 모두 감동한 눈치였다.

4박 5일의 트레킹 동안 끼마다 한국 음식을 먹었다. 식사담당부는 식재료와 그릇, 석유풍로(1970년대, 우리 가정에서 썼던)까지 메고 올라와 백반, 수제비, 라면, 닭백숙 등 한국 음식을 해줬다. 한 끼 식사가 끝나면 부리나케 설거지해서 짐을 싸지고 우리가 갈 롯지에 먼저 가서 식사 준비를 했다. 아침에는 따듯한 홍차를 들고 방마다 노크하는 것으로 모닝콜을 대신했다.

오후에 고래파니(2,874m)까지 올라갔다. 마음은 히말라야를 걷는다는 환희심에 가득 찼는데, 몸은 마음을 따라주지 않았다. 거사는 일행의 맨 뒤에서 따라가다가 내 모습이 한참 안 보이면 멈춰 서고, 내가 나타나면 다시 걷곤 했다. 나는 세 번이나 길에 벌렁 누워버렸다. 앞으로도, 뒤로도 한 걸음도 옮길 수가 없었다. 누워서 울었다. 거사는 이 사람 여기서 잃으면 어쩌나 하고 걱정을 많이 했단다. 힘겹게 고래파니에 도착했다. 내일 새벽에 푼힐 전망대(3,210m)에 가서 설산의 일출을 본다고 했다.

다음 날 새벽 4시경에 일어났다. 랜턴 하나씩을 들고 캄캄한 산길을 1시간쯤 올랐다. 푼힐 전망대에는 이미 세계 각국에서 온 트레커들이 웅성웅성 모여 있었다. 다울라기리, 안나푸르나 사우스, 마차푸차레, 히운출리 등 이름있는 히말라야 연봉들이 앞산처럼 가깝게, 그리고 의연하게 앉아 있었다. 만년설의 연봉들이 아침 햇살을 받으며 서서히 그 모습을 드러내기 시작했다. 숨죽여 지켜보던 트레커들이 탄성을 터트렸다. 아, 히말라야, 이 장엄함이라니! 이 순간을 위해 여기에 온 거구나. 그 순간 뭐라고 설명할 수 없는 눈물이 흘렀다. 대남문도 못 올라가는 주제에 여기까지 올라올 수 있었던 것에 대한 기쁨의 눈물일까, 범접할 수 없는 자연 앞에서 인간의 왜소함을 자각하는 울음일까. 산은 무아(無我)다. 우리는 무아 앞에서 나를 내려놓고 위로받으며, 부끄러움을 느낀다. 히말라야는 동동거리며 살아온 날들을 뒤돌아보게 했다. 자괴감과 감사의 마음이 뒤엉켜서 대책 없는 울음으로 터져 나왔다. 옆을 보니 거사도 울고 있었다. 어떤 마음일까? 묻지 않았다. 우리는 히말라야에서 그렇게 울고 내려왔다.

푼힐 전망대에서 내려와 아침 식사를 한 후 트레킹이 계속되었다. 걷기 시작할 때 일행 중 30대 중반의 미스터 리가 나를 돕겠다고 내 옆으로 왔다. 내가 쩔쩔매는 모습이 안됐던가 보다. 나를 부축하고 걸으면서 나의 걷는 자세를 수정해 줬다. 올라갈 때는 보폭을 반으로 하고, 평지와 내리막길에서는 보폭을 정상적으로 하며, 몇 걸음 걸은 후 잠깐씩 멈춰 선다. 코로 숨을 들이마시고 입은 다문 채 가볍게 내쉬는데 호흡의 리듬에 걷는 리듬을 맞춘다. 말은 되도록 안 한다. 걷기가 훨씬 가벼워졌다. 히말라야에서 만난 귀인!

나머지 이틀의 트레킹도 만만치가 않았다. 간두룽 마을(1,940m)에서 모디코라강까지 내려가서 강을 건넌 후 맞은편의 란드룽 마을(1,565m)에 올라가서 점심을 먹었다. 지리산의 봉우리 하나를 반나절에 넘어간 셈이다. 마지막 롯지가 있는 담푸스 마을(1,650m)에는 어두워진 후에 도착했는데, 아침에 일어나 보니 마을에서 히말라야 연봉이 보였다. 내 힘으로 간 것 같지는 않았다. 보이지 않는 힘이 밀어준 덕분에 남은 일정을 무사히 마칠 수 있었다고 생각한다.

일본 작가 이츠키 히로유키(五木寛之)는 인도는 부르는 사람만이 가는 곳이라고 했다. 나는 히말라야도 부르는 사람만이 가는 곳이라고 생각한다. 인도나 히말라야가 사람을 가려서 부른다는 의미일까. 그건 아닐 것이다. 꼭 가고야 말겠다는 의지가 '부름의 티켓'일 터이다.

네팔 속담에 "산은 선택한 사람만 받는다"라는 말도 있다. 조금 무서운 말이다. 산을 대하는 마음 자세를 의미하는 말이 아닐까. '의지'에 '겸손'을 보태라는 말일까.

산티아고, 수행의 길

우리가 사는 지구 위에 그런 공간이 있어서, 그런 시간을 가질 수 있었다니! 힘들고 낯설었으면서도, 무언가 익숙한 느낌도 들었던 그 길! 끝내고 돌아서면서 다시 가고 싶어졌고, 몇 년이 지난 지금도 가끔 그리워져서 되돌아보는 길이다. '카미노 데 산티아고(스페인어로 '산티아고 가는 길'이라는 뜻)'. 우리 부부는 이 길을 걸었다. 2009년 5월 12일부터 6월 7일까지 27일간 500여 킬로미터를.

스페인에 순례자의 길이 있다는 것을 알게 된 것은 NHK TV의 어느 프로그램에서였다. 세계의 도시 중 하나씩 선정해서, 그 도시 속을 카메라로 훑어가며 여러 모습을 보여주고, 지나가는 사람도 불러 세워, 인터뷰하는 프로였다. 스페인의 산티아고 소개였다.

초로의 서양 남녀가 무거운 배낭을 메고 양손에 지팡이를 짚고 어느 건물 안으로 들어가려고 하는데, 카메라가 그들을 불러세웠다.

"배낭을 메고 있는데 어떻게 온 건가?"

"걸어서 왔다."

"어디서부터 걸었나?"

"피레네 넘어 남불(南佛)에서부터 걸어왔다, 순례자의 길이다."

"그게 얼마나 되는 거리인가?"

"800킬로미터쯤 된다."

"그걸 다 걸었다는 건가?"

"그렇다."

"지금 들어가려고 하는 이 건물은 무슨 건물인가?"

"알베르게다."

"알베르게는 뭐 하는 곳인가?"

"순례자들을 위한 숙소다."

"당신들은 부부인가?"

"친구다."

조금 놀랐다. 순례자의 길? 800킬로를 걸어서 왔다고? 그리고 저들을 재워주는 숙소가 있다고? 처음 듣는 소리였다. 부부도 아니고 친구이면서 800킬로를 함께 걸어왔다는 그 초로의 서양 남녀가 멋있게 보였다. 특히 순례자를 재워주는 숙소가 있다는 것은 매력 있는 정보였다. 그러나 그것은 우리에게는 먼일처럼 여겨졌다. 몇 년 후 그 순례자의 길이 우리에게로 다가왔다. 그곳에 다녀온 사람들이 책으로, 글로 소개하고, 인터넷 블로그에 순례자의 길을 소개하는 사진들이 넘쳐났다. '카미노 데 산티아고'를 벤치마킹한 제주 올레도 생겼다.

'카미노 데 산티아고'는 기독교 3대 성지의 하나이다. 카미노에는 여러 갈래의 길이 있는데, 대표적인 것이 프랑스의 국경도시 생장피에드포르에서 시작하여 피레네산맥을 넘어 스페인으로 들어가서 산티아고 대성당까지 가는 '프랑스 길'이다. 그 길이가 798.6킬로미터이다. (우리는 피레네산맥을 넘는 것이 부담스러워서 스페인으로 들어가, 스페인의 시작 지점인 론세스바에스에서부터 걸었다.) 그 길에는 가리비가 그려진 안내판과 노란 화살표가 있다. 이 이정표만 따라가면 보통 800킬로라고 하는 그 길을 잃을 염려는 없다. 그리고 순례자들의 숙소, 알베르게가 1백여 개 있다. 순례를 시작하는 지점에서 순례자 여권(크레덴시알)을 만들면, 알베르게에서 잘 수 있는 자격이 주어진다. 자는 비용은 시영 알베르게는 3~5유로, 사설은 6~9유로이다. 기부금으로 내는 곳도 있다. 알베르게는 침대 하나를 받아서 잠만 자는 곳이다. 먹는 것은 그 동네의 사정에 맞춰서 각자가 해결한다. 하룻밤만 재워준다. 순례자들은 아침 7시 전후해서 알베르게를 나와 오후 1~2시경에 걷는 것을 끝내고 다음 알베르게로 들어간다. 침대 하나를 배정받으면, 샤워하고, 땀에 젖은 옷을 빨아서 널고, 그때부터 쉰다.

1993년 세계문화유산에 등재된 이 길의 유래는 이렇다. 예수의 열두 제자 중 한 사람인 성 야곱은 스페인에서의 선교 활동을 마치고 고향인 예루살렘으로 돌아갔다. 그러나 기독교의 확대를 두려워한 유대왕에 의해 서기 44년에 참수됐고, 그의 제자들이 산티아고로 유해를 운반했다. 그로부터 800여 년 후인 9세기에 한 수도사가 산티아고에서 야곱의 무덤을 발견했다. 이 소식은 기독교도들에게 힘을 주었으며 당시 아스투리아스의 왕이었던 알폰소 2세는 이곳에

성당을 지은 뒤 자신이 최초의 순례자가 되어 오비에도에서 무덤을 향해 떠났다. 이후 야곱의 무덤이 발견되었다는 소문이 유럽 각지로 퍼져 많은 순례자가 산티아고를 방문, 전성기에는 연간 50만 명이 찾기도 했다고 한다. 그들은 순례의 증표인 가리비를 지니고 지팡이를 짚고 걸어서 성지로 향했다. 이 순례의 역사가 오늘날까지 이어져 온 것이다(《스페인》 중앙북스).

걷기는 우리 집의 오랜 생활 습관이었다. 건강을 위해 시작했는데, 차차 진화해서 걷는 시간이 기도의 시간이 되었고, 행선의 시간이 되었다. 우리 집 거사는 그때 퇴직 후에 시민선방에 다닌 지가 10년이 된 때였고, 나는 30대 초부터 불문(佛門)에 들어와 수행을 붙들고 있는 터였다. 안거 후의 용맹정진이라 할까, 우리는 집중의 시간을 가져보고 싶었다. 감히 낯선 땅, 낯선 언어, 낯선 문화의 맨바닥에 우리를 내던져 시험을 쳐 보고 싶었다. 그런 숨은 의도를 품고 거사와 보살이 그 길에 들어섰다. 70대의 부모가 낯선 땅에서 800킬로를 걸어보겠다고 하니, 자식들도 걱정되는 눈치였다. 공항에서 헤어지면서 그랬다. "이제부터 우리 서로에 대해서 걱정하지 말자. 만날 때까지 자기를 지키는 데만 집중하자."

새벽 5시 30분쯤부터 일어나서, 소리 안 나게 조심하면서 짐을 꾸리고, 간단하게 아침 요기를 하고, 신발 끈을 조인다. 침낭, 갈아입을 겉옷과 속옷 한 벌씩, 알베르게에서 쉴 때 입는 가벼운 옷 하나, 약간의 비상약, 세숫비누, 빨랫비누, 치약, 수건 각 한 개씩, 플라스틱 숟가락과 나무젓가락, 작은 보온병, 물통, 플라스틱 컵, 그리고 약간의 먹거리가 전부인 배낭을 몸에 맞게 조율한다. 우리가 하루를 살 수 있는 소유물이 이것이면 족한데, 너무 많은 물건을 가지고 사는구나! 서울 가면 그 많은 물건부터 털어내야지 하고 한 번씩 다짐했다.

날마다 새로운 길이 우리 앞에 전개된다. 길뿐만 아니라 먹는 것과 잠자리, 만나는 사람들이 새로워진다. 오늘 하루도 이 길이 무사하고, 우리뿐만 아니라 이 길을 걷는 모든 순례자가 무사하기를 비는 기도가 마음속에서 우러나온다. 오늘 만나게 되는 모든 것에 대해 좋고 나쁜 것을 간택하지 않고 받아들이며, 좋은 인연에도 집착하지 않고, 나쁜 인연을 원망하지 않으며, 천천히 걸으면서 이 길이 우리에게 행선의 길, 기도의 길이 되기를 발원한다.

스페인의 5월 아침 쨍한 공기와 푸른 하늘, 떠가는 구름까지도 깨끗한 풍광 속에서 걷고 있다는 환희심이 인다. 길가의 들꽃들도 아름답다. 바르를 만나면 '까페 콘 레체(에스프레소에 우유를 듬뿍 넣은 것)' 한 잔을 시키고 배낭에서 먹을거리를 꺼내 곁들여 먹으면서 잠시 쉰다. 점심은 식당에 들어가서 먹기도 하고, 길가에 있는 의자나 풀숲에 앉아 우리가 가지고 있는 먹거리로 해결하기도 한다. 네다섯 시간쯤 걸어서 정오가 가까워지면 슬슬 힘들어진다. 다리도 발가락도 아프고 짐도 점점 더 무거워진다. 길가에 피어 있는 아름다운 들꽃도 눈에 안 들어온다. 마음도 조금씩 평화를 잃어간다. 오늘 가는 알베르게는 침대가 3층이라는데, 너무 늦어서 3층 침대를 배당받으면 불도 못 켜는 밤중에 내려올 일이 있을 때 어쩌나 하는 불안감이 드는 날도 있다. 좋고 나쁜 것을 간택하지 않겠다는 다짐이 힘을 잃는 순간이다. 그러나 아무리 힘들어도 한 발짝씩 내디디면 드디어는 도착한다. 오늘도 해냈다는 안도감으로 마음에 다시 평화가 돌아오고, 침묵 속에서 스페인의 아름다운 석양을 바라보며 앉아 있을 수 있는 자유가 주어진다.

그 길에 들꽃과 맑은 풍광에 취하는 순경계만 있는 것은 아니다. 짐이 너무 무거워 다음 알베르게까지 택시로 짐을 배달시켰다(비용은 7유로). 그런데 다음 알베르게에 도착해 보니 짐이 안 왔다. 여기서 짐을 잃어버린다? 이쪽 관리인이 저쪽에 전화하더니 짐이 아직 거기에 있다고 한다. 이쪽 관리인이 두 가지 중 하나를 선택하라고 제안했다. 36유로를 내면 자기네가 직접 택시로 가서 가져다줄 수 있다. 아니면 지금은 안 되고, 내일 그쪽에서 우리가 가는 다음 알베르게로 직접 보내줄 수 있다는 거였다. 분명 그쪽 관리인의 실수인데 사과의 말은 한마디도 없는 이 황당한 제안, 방법이 없었다. 우리는 36유로를 내고 오늘 짐을 받는 쪽을 택했다. 원망하지 말자, 수업료라고 생각하자. 다음 알베르게에서 우리는 짐을 줄였다. 스테인리스 등산용 물컵도 버리고, 비행기에서 얻은 아까운 튜브 고추장도 버리고 책도 필요한 부분만 남기고 찢어 버렸다. 이제 짐은 배달시키지 않겠다!

순례의 끝 무렵, 예기치 못한 일이 벌어졌다. 거사의 가슴이 뜨끔뜨끔 아프기 시작한 것이다. 그 며칠 전 그늘 한 뼘 없는 메세타 지역을 걸을 때는 갓난아기의 걸음처럼 한 발짝씩 비틀비틀 걷는 거사의 뒤를 따라가며 얼마나 속으로 관세음보살을 외쳤던가. 순례자의 무덤 여럿을 보아온 터였다. 며칠 전 60대의 이탈리아 순례자가 심장마비로 죽었다는 소식도 들었다. 두려웠다. 결국 서러움에 울음이 터져 버렸다. 나도 모자로 얼굴을 가리고 길바닥에 세 번이나 벌렁 누워 버린 날이 있었지만, 내가 힘들 때보다는 상대가 힘들어하는 것을 보는 게 더 괴로웠다.

고마움의 눈물도 흘렸다. 전날 저녁, 같은 알베르게에서 그녀는 이층 나는 일층 침대에서 자며 말을 튼 스페인 여성이, 앞서가다가 되돌아와 내 짐을 받아주었다. 내가 쓰고 있는 일기를 내려다보더니 글자가 아름답다고 한글로 자기 이름을 써달라고 종이를 내밀었다. 그 인연뿐이었는데.

길을 못 찾아 망연히 서 있는 우리에게 어떤 스페인 젊은이가 부리나케 다가와서 '무엇을 도와줄까요?' 하고 묻던 일. 50대의 한국인 순례자가 힘들 때 쓰시라고 공진단 두 알을 주던 일. 그때는 공진단이 그렇게 비싼 약인 줄 몰랐다. 연락처라도 물어 둘걸.

힘든 것, 손해 보는 것은 참아냈지만 모욕을 참아내지 못해 화를 낸 순간도 있었다. 곧 알아차리고 참회했지만, 이미 지나가 버린 일! 나를 내려놓는다는 일이 이리도 어려운 것을. 순경계와 역경계가 날줄과 씨줄처럼 엮여 있어 맨땅을 구르는 우리에게 흙을 묻히기도 하고 털어주기도 하던 그 길. 황혼 녘의 우리 부부에게 어떤 힘든 순간이 다가와도 마음의 안정과 평화를 되찾게 해주는 값진 체험이었고, 아름다운 추억이었다.

《불교평론》 2012년 여름호

겸손과 너그러움을 배우는 소멸의 시간

오빠의 마지막 날들

남편의 마지막 여름

낮은 가지에서도 꽃은 피더라

슬픔은 양도할 수 없다

노년의 독서

겸손과 너그러움을 배우는 소멸의 시간

보살님은 50대, 나는 30대에 절에서 만나 40년 가깝게 인연을 이어오다가 몇 년 전에 돌아가셨다. 마음이 곱고, 모습도 단아한 분이었다. 보살님이 70대 중반인 어느 가을날, 점심을 같이 먹다가 보살님이 문득 말씀했다. 늙는 것은 코너로 몰리는 거라고. 처음에는 가장자리로 밀려나다가 다음 단계는 코너로 밀려 더 이상 갈 데가 없어지는 거라고. 속으로 흠칫 놀랬다. 평소에 그런 말씀을 안 하던 분이었다.

보살님은 30대에 남편과 사별한 후 1남 4녀를 키웠고, 아들 내외와 손자들과 살고 있었다. 보살님이 내보인 속내인즉, 남편이 간 후 남편 삼아 의지하고 살던 아들을 장가보내고 나니, 아들 옆이라고 생각했던 당신의 자리는 며느리가 차지하고 당신은 내쳐진 것 같았다고. 마음이 허전해서 죽어버리고 싶은 생각도 여러 번 했다고 한다. 마음을 달래려고 절에 다니면서 법문도 듣고 기도도 하고 참선방에도 드나들면서 세월을 보내고 나니, 지금은 며느리에 대한 미움이 어느 정도 없어지고 고마운 생각도 많이 든다고 했다. 마음에 미움이 가득했던 그때 갔더라면 어쩔 뻔했느냐는 말씀도 했다.

몇 년 후 보살님은 집안 사정이 여의찮아 요양원으로 가게 되었다. 한 달쯤 후 보살님을 뵈러 요양원에 갔다. 나를 본 보살님은 서럽게 울었다. 식구들이 많이 보고 싶다고 했다. 버려진 것 같은 두려움도 느끼는 것 같았다. 그래도 집안 사정을 생각하면 당신이 여기에 있는 것이 옳다는 말씀도 했다.

무거운 마음으로 돌아오면서 나는 내 생각을 했다. 요양원에서 살다가 가게 되면 안 되는데, 하는. 그곳에 있는 동안 여러 번 찾아뵈었다. 차츰 그곳 생활에 적응해 가는 것 같았다. 어느 날은 그런 말씀도 했다. 미움을 버리는 건 어느 정도 되는데, 사랑은 버려지지 않는다고. 며느리에 대한 미움은 어느 정도 해결이 됐는데, 아들에 대한 사랑은 끊기가 어렵다는 의미였다. 가끔 "염불은 잘 되세요?" 하고 여쭤봤다. 어느 날은 밝은 얼굴로 열심히 한다고 대답하고, 어느 날은 깜박깜박 잊는다고 했다. 그래도 염불을 잊지 않으려고 애쓰는 모습에 안심이 되었다. 보살님은 돌아가시기 얼마 전부터 인연이 있던 이들의 이름을 하나씩 부르며 '고맙다'라는 말을 자주 했다고 한다.

임종 며칠 전 병원의 연락을 받고 달려간 비구니인 따님에게, 보살님은 환한 얼굴로 "스님, 나 낼모레 가요." 했다고 한다. 그리고 가신다는 날에 갔다. 그 소식을 듣고 나는 '요양원에서 살다 가게 되면 안 되는데' 했던 내 생각을 바꿨다. 가는 날을 알 정도가 되면 어디서 죽든지 그게 무슨 상관이랴. 돌이켜 보면 보살님은 내게 노년과 죽음에 대해 선행학습을 시킨 선지식이셨다.

노인이 되어 가장자리로 밀려나고 드디어는 코너로 내몰리는 것은 당연한 수순이다. 그런 소외감을 느끼는 것은 그래도 어느 정도는 삶의 조건이 참을 만할 때의 이야기다. 한 걸음 한 걸음씩 노년으로 깊이 들어가면 병마가 찾아오고, 가난의 고통에 직면하는 일도 있고, 비루한 일상이 펼쳐지기도 한다. 인생의 4대 명제인 생·노·병·사 중에서 병과 사만 남은 것이 노년이다. 큰 병에 안 걸려도 모든 게 버거워지는 시기다. 눈도 침침해지고, 귀도 잘 안 들리고, 관절도 삐걱댄다. 끝내는 누추한 꼴을 보이고 마는 것이 늙음이다.

이 시대 노인들에게는 전 세대 노인들보다 힘든 일 하나가 더 있다. 인터넷 세상에서 한 걸음 더 나아가 SNS의 세상이다. 초등학생까지 스마트폰을 들고 다니는 오늘날, 대부분의 노인은 젊은이들의 세상과는 상관없이 산다. 그 세상은 노인들에게는 다른 세상, 언더그라운드의 세계다. 디지털 세상이 발전해 갈수록 노인들에게는 모르는 일, 불편한 일들이 많아진다. 젊은이들은 어르신, 어르신 하면서 겉으로는 노인을 배려하는 체하지만, 속으로는 노인의 지혜쯤은 무시한다는 걸 눈치챈다. 그러나 모르는 체하는 것 또한 노인의 지혜다.

사람마다 사는 모습이 다른 것은 자연스러운 현상이지만, 노년에 이르면 그 한 사람의 사는 모습도 젊은 시절과는 다른 것을 자주 보게 된다. 젊은 시절에 잘 나가던 부귀영화는 흔적 없이 사라지고, 초라하기 그지없는 신세가 되는 모습도 있다. 젊은 시절에는 존재감이 없었는데 노년에 이르러서는 사람들의 부러움을 사는 인생도 있다. 인과를 믿는 불자의 입장에서 보면 노년은 살아온 인생에 대한 종합성적표와 같은 것이다. 아무리 좋은 성적표를 받고 싶어도 공짜는 없다. 어디에도 기적은 없다. 그 엄정한 과보는 소름이 끼치도록 무서운 것이다.

일본의 어느 동화 작가가 일흔에 암 선고를 받고 자기는 죽기에 딱 좋은 나이에 와 있으니, 수술도 항암 치료도 안 받겠다고 했다 한다. 나야말로 죽기에 딱 좋은 나이에 와 있다는 생각을 종종 한다. 노년이 아무리 힘들어도 이런 나이까지 살았다는 것은 축복이다. 누구에게나 노년이 있는 것은 아니니.

노년을 축복이라고 하는 것은 마무리하고 갈 시간이 있다는 생각 때문이다. 잘못한 것이 많았더라도 참회와 발원으로 회향할 시간이 주어진다는 것은 얼마나 다행한 일인가. 어느 나이라도 불자라면 '참회와 발원'이 기본이 되어야 하지만 노년에 오면 참회와 발원은 더 절실해진다. 시간이 촉박하니까.

철이 없어서, 생각이 모자라서 저지른 일들도 있고, 인색한 마음이 들어 베풀지 못한 일도 있다. 내 생각이 정의라는 확신에서 아프게 따진 일도 있다. 과연 내 생각만이 정의였을까. 내가 잘못했던 순간이 떠오르면 몸서리쳐지게 부끄럽다. 그리고 미안하다. 그 대상이 이미 돌아가신 분이라면 더

욱 참담하다. 나는 남은 시간 동안 내 몸과 마음을 다해 나의 잘못을 참회한 후 이 세상을 떠나고 싶다.

그리고 나는 발원한다.

나는 세상 만물과 화해하고 가고 싶다. 피해를 당한 일도 있고, 상처를 받은 일도 있고, 누군가를 미워했던 일도 있다. 그러나 이제는 아무 예외 없이 누구라도 무엇이든지 용서하려고 노력한다. 아직 잘 안될 때도 있지만 실망하지는 않는다. 안 되면 다시 또 하면 되니까.

세상살이에 대한 집착도, 사랑도 미움도 다 털어버리고, 새털처럼 가볍게 가고 싶다.

이번 생에 만났던 따듯한 인연들에게 고마웠다고 말하고 갈 수 있게 되면 좋겠다. 헤어지기 싫지만 이별은 선선하게 할 수 있기를 기원한다. 그리고 가기 전에 한 번쯤은 항상 부족했던 내가 나에게 칭찬의 말 한마디를 해주고 싶다. 부족했지만 최선을 다해 살았다고. 애썼다고.

노년은 소멸의 시기이다. 소멸은 겸손과 너그러움을 가르친다. 노년의 겸손에는 주어지는 보상이 있다. 한 발짝 물러나서 보면, 무심히 지나쳐 버린 것들이 눈에 들어오고, 소박한 것들이 아름답게 보인다. 미처 몰랐던 사물의 속내를 알게 되어 혼자서 끄덕이고, 무릎을 치는 일도 있다. 고마운 일들도 너무 많아졌다. 어느 노인은 손자를 돌보면서 지금에서야 어린 시절 자기를 키우던 외할머니가 얼마나 힘이 드셨을까, 하는 생각을 하게 되었다고 실토했다. 그건 순전히 손자 덕분이라고, 손자가 고맙다고. 그리고 이제라도 알게 되어 다행이라고.

노년의 하루하루에 버겁고 고깝고 소외되는 일만 있는 것은 아니다. 작은 깨달음이 주는 소소한 기쁨도 있다.

《불교평론》 2016년 겨울호

오빠의 마지막 날들

• 죽음을 맞이하는 방식 1 •

나의 오빠 이창섭

나의 오빠 이창섭은 해군사관학교를 나와 해군에 복무하다 중령으로 퇴역했다. 퇴역 후 해양 관계 회사에 근무했다. 1980년대 초 오빠 나이 50대 초반에 아내와 고등학생, 중학생, 초등학생인 1남 2녀를 이끌고 미국 LA 쪽으로 이민 갔다. 이민 생활에 대해서 자세한 내용은 모르지만, 자식들을 다 건강한 대학 졸업자로 키워 결혼시켰고, 번듯한 내 집도 있고, 의료보험도 제대로 붓고, 은퇴 후 타고 다닐 캠핑카도 사 놓은 걸 보면 이민 생활이 꽤 괜찮았을 거라고 짐작했다.

그런데 2004년 늦봄, 오빠가 위암 진단을 받았다는 소식을 들었다. 소식을 들은 즉시 오빠를 보러 미국에 갔다. 5월의 두 주일을 오빠와 지냈다. 오빠에게 아직 병색은 없었다. 미국은 의료 선진국이고 암 수술이 가능한 의료보험도 있으니 잘되겠지, 낙관적으로 생각하고 귀국했다.

몇 달 후 올케언니가 이메일을 보냈다. 내가 갔을 때보다 오빠의 병세가 많이 나빠졌는데, 놀라운 삶의 의지와 인내로 버텨 나가고 있다고, 그동안 항암 치료, 수술, 식이요법, 민간요법 등 사람의 힘으로 할 수 있는 일은 다 시도해 보았다고, 그러나 병세가 나아지지 않아서 안타깝다는 소식이었다.

다음 해 1월 올케언니가 전화했다. 오빠가, '고모가 한 번 더 왔으면 한다'는 얘기였다. 오빠가 전화를 바꿨다. "내가 가기 전에 한 번 더 보고 싶어서 그래. 너무 빨리 오지는 마. 기다리려면(죽을 날을?) 지루하고 힘들 거야. 내가 다시 연락할게, 그때 와." 죽음을 앞에 두고 있는 사람인데, 출장 가는 날짜를 잡는 것 같았다.

2005년 2월, 오빠를 만나러 갔다. 비행기 안에서 도착 시간이 가까워져 오니 오빠의 모습이 어떨지 마음이 조마조마했다. 조카가 마중을 나왔다. 오빠는 병원에 가셨다고 했다. 오빠가 건강할 때는 오빠가 나오곤 했다. 집에 도착하니 오빠는 이미 병원에서 와 있었다. 얼굴이 맑고 이미 마음 정리가 돼 있는 듯 차분해 보였다. 내 불안도 조금 가라앉았다.

오빠는 집에서 투병 생활을 하고 있었다. 투병이라기보다는 병원 아닌 집에서 임종을 맞겠다는 의지로 하루하루를 버텨 내는 거였다. 식사는 전혀 못 했다. 이틀에 한 번씩 병원에 가서 링거 3병을 맞는 것으로 식사를 대신했다. 통증이 올 때는 의사가 처방해 준 일회용 몰핀주사를 맞았다. 주사는 올케언니가 놔 줬다. 주사기는 가져온 숫자대로 병원에 반납했다. 오빠가 자기 몸을 위해 하는 건 이 두 가지가 전부였다.

오빠는 이미 죽음을 맞을 준비를 하고 있었다. 작년에 왔을 때보다 집 모습이 정돈된 것 같고, 자동차도 새 차가 된 것처럼 보였다. 헌 차가 새 차처럼 될 수도 있나? 오빠가 설명했다. "창문이랑 몇 군데를 손봤어. 내가 가면 성호 엄마(올케)가 이 집에서 혼자 살기 힘들 거야. 팔아야 할 텐데, 집이 너무 허술하면 잘 안 팔리지. 자동차는 같은 차종으로 바꿨어. 자동차가 고장 나면 여자들은 힘들어. 새 차니까 몇 년간은 괜찮을 거야." 맙소사!

아침에 오빠와 올케언니는 마당에 나가 앞뒤 뜰에 있는 채소밭에 물을 줬다. 오빠는 간이의자에 앉아 말로만 지시

하고 언니가 물을 줬다. 뒤뜰에 씨를 뿌린 들깻잎 밭에서 가는 싹이 몇 개 나왔다. "싹이 더 나오면 내게 말해."라고 오빠가 말했다.

실내에서는 보행기를 썼다. 앉아 있을 때도 앞에 놓아두었다. 두 팔을 올려놓을 수 있는 받침대가 있으면 좋겠다면서 차고에 가서 판자를 가져오게 하고, 아들에게 그것을 톱으로 자르라고 금을 그어 줬다. 그 양쪽에 구멍을 뚫게 했다. 그 구멍에 노끈을 넣고 양쪽에 붙들어 매어 고정하니 훌륭한 받침대가 되었다. 거기에 팔을 올려놓고 잠깐씩 졸았다. 마지막 순간까지 의식을 놓지 않는 그 정신. 죽음을 앞에 두고 있는 오빠는 그 죽음이 자기와 상관없다는 듯이 일상으로 하던 일들을 챙겼다. 어느 날은 오빠와 언니가 거실 소파에 나란히 앉아 서류를 보면서 얘기했다. 언니가 "오빠가 곳간 열쇠를 내게 넘기는 거예요." 했다. 그동안 오빠가 해오던 경제활동의 여러 절차를 언니에게 양도하는 거라고 했다.

L.A 지역에 사는 오빠의 해군사관학교 동기 몇 분이 병문안을 왔다. 젊은 시절을 같이 보낸 학교 친구들에게는 사연이 많다. 병문안을 온 이들이 환자를 앞에 놓고 이야기꽃을 피운다. 더군다나 나이 든 지금은 고향을 떠나 이민 생활을

하는 처지이니 서로에 대한 마음이 애틋하다. 오빠도 친구들과 있는 것이 즐거워서 자기 처지를 잊은 듯했다. 올케언니가 저녁 대접을 했는데, 그 저녁을 먹고 8시가 넘도록 머물렀다. 떠나기 전에 찬송가를 두 번 부르고 기도했다. 찬송가를 부르는 도중 갑자기 슬픔이 북받쳤다. 친구들은 건강한데 왜 우리 오빠는 이별의 주인공이 되었을까. 아무리 차례로 가는 것이라 해도 가는 사람을 보고 있는 것은 슬펐다.

늦잠을 잤다. 거실에 나오니 오빠가 없다. 식당에도 없다. 식탁 위에 한인업소 전화번호부가 펼쳐져 있는데, 장의사 페이지였다. 가슴이 덜컥 내려앉았다. 오빠의 침실로 가서 노크하니 들어오라고 한다. 오빠는 침대에 누워 있고 올케언니는 침대에 걸터앉아 있었다. 평소와 달리 오빠가 울먹이면서 말씀했다.

"겪을 만큼 겪었고, 깨달을 만큼 깨달았는데… 믿을 만큼 믿었고. 더는 시련을 겪지 않게 하셨으면… 이렇게 편안하게 갔으면…."

통증이 와서 오빠가 올케언니를 불렀는데, 언니가 일하느라 못 들어서 몹시 괴로웠나 보다. 주사를 맞고 잠깐 지나니 편안해졌다. 좀 주무시라고 하고 언니와 방을 나왔다.

아침을 먹으면서 오빠의 상황에 대해 언니가 설명했다.

그간 해온 수술과 항암 치료, 식이요법과 한약 치료에 대해서. 오빠가 자기 신념은 확실하게 가지고 있는 분인데, 종교적(기독교) 신념이 몸에 배어 있지 않아서 하나님 앞에 자기 생명을 내놓고 일관되게 기도하며 식이요법을 하지 못하고, 우왕좌왕한 면이 없지 않았다고. 그래서 결국 암을 극복하지 못한 것이라고 언니는 결론을 맺었다. 그러나 이만큼이라도 의연하게 죽음과 마주하고 있는 것이 아무나 할 수 있는 일은 아닐 것이다.

죽음과 종교

올케언니는 일찍부터 기독교 신앙을 가지고 있었다. 오빠는 종교가 없었다. 3년 전에 왔을 때 올케언니와 아이들만 교회에 다니는 걸 알았다. 오빠는 불교에 관심이 많았다. 귀국해서 불교책 여러 권을 오빠에게 부쳤다. 지금은 어떤지 모르겠는데, 그때 미국 교포사회에서 불교의 존재는 미미했다. LA 인근에서 절을 찾는 것이 쉽지 않았다. 반면 교회는 교포사회의 중심이었다. 한인교회는 종교적 목적에 더하여, 교포들이 자기 정체성을 가질 수 있는 사교의 장소가 되었으며, 부부 중심으로 이루어졌다. 언니의 입장에서 남편이 교회에 같이 다니지 않는 것은 힘든 일일 수도 있었겠다. 오빠가 가족에게서 받은 압력이 어떠했을지는 짐작하기 어렵지 않았다. 오빠가 그랬다. 내가 보낸 책들을 읽으면서 불교에 깊이 심취했는데, 환경이 안 되니 어쩔 수 없었다고. 가정평화를 위해서 교회에 다니기로 했고, 그러다 보니 하나님을 믿게 되었다고.

교회에서 여러 분이, 여러 번 병문안을 왔다. 그때마다 오빠는 거실에 나와서 군인의 꼿꼿한 자세로 앉아 당신을 위한 기도에 임했다. 말기암 환자이니 침대에 누워 있어도 된다고 해도, 나를 위해 오시는 분들인데 어떻게 누워 있느냐고 했다. 그분들이 가면 곧바로 침대에 가서 눕곤 했다. 나는 옆에서 지켜보며 저 시간이 오빠에게 고통의 시간이구나, 하면서 속상했다. 올해의 목표가 '전도'라는 어느 부목사님은 그 자리에서 내게도 전도하려고 했다. 오빠는 얼른 알아채고 나를 소개하며 막았다. 부목사님이 간 뒤 오빠는 기도하러 오는 분들이 어떤 말을 해도 괘념치 말라고 했다. 나는 괘념치 않는다고 안심시켜 드렸다.

오빠와 얘기했다. 이 세상에서는 '불교다' '기독교다'라는 이름이 있지만, 저세상 영혼의 세계에서는 그 이름이 의미가 없다고 생각한다고. 오빠는 "나도 그렇게 생각해."라고 동의했다. 용화선원에 우리 조상들 위패 올린 것을 얘기하고 가족의 일원으로 오빠 위패를 올려드리고 싶은데 생각이 어떠신지 물었다. "니가 해 주면 고맙지, 내가 부탁할 수는 없지만." 오빠의 양심이었다. 오빠는 임종의 순간에 대해서도 생각해 온 듯, "내가 정신을 못 차릴까 봐 그게 걱정이야." 라고 했다. 나는 불교에서는 평소에 '나무아미타불'을 염송하는데 임종의 순간에 계속함으로써 정신의 혼미를 막는다고, 기독교 신자들이 어떻게 임종을 맞는지 모르지만, 좋아하는 성경 구절을 임종의 순간에 외우면 좋을 것 같다고 내 방식대로 말씀드렸다. 오빠는 시편 23편을 좋아한다고 했다. 나는 임종의 순간에 청력이 가장 늦게까지 남아 있다고 알고 있다. 마지막 순간 오빠가 혼미해지는 것에 대비해서 시편 23편을 오빠의 귀에 대고 읽어드리겠다고 약속했다.

오빠는 금요일 새벽에 가셨다. 그 주 월요일, 올케언니가 새벽기도 간 사이에 오빠의 방문을 조금 열어놓고 방문 앞에 앉아 지켰다. 오늘부터 그래야 할 것 같았다. 침대 옆에는 촉수가 낮은 취침등이 켜져 있었다. 며칠 전부터 취침등을 켜고 주무시라고 권했다. 언니가 오는 문소리를 듣고 얼른 내 방으로 와서 8시 반까지 잤다. 눈을 뜨면서 오빠의 얼굴을 떠올렸는데, 몸은 잠옷 차림인데 얼굴은 아무 형체도 없고 그냥 검은색이었다. 얼마 안 남으신 것 같은 예감이 들었다.

그날 오후 오빠가 방으로 나를 불렀다. 언니가 옆에 있었다. 오빠가 보는 앞에서 언니가 금일봉을 내게 주었다. 오빠의 유산을 아내와 자식들에게 나누어 주면서 내게도 준 거였다. (내게 오라고 한 깊은 뜻이 있었구나!) 오빠가 말씀했다. "요긴하게 써. 내가 아무래도 이번 주를 못 넘길 것 같아. 내주 초에 돌아가도록 비행기 예약을 해둬."

화요일 낮 오빠와 둘이 있을 때, 내가 울먹울먹하자 "그래, 정신 있을 때 좀 울자." 하더니 눈물을 보였다. "울고 싶으시면 실컷 우세요." 하니, 곧 "됐어." 하면서 울음을 그쳤다. 울음조차도 절제하다니! 평소에는 아픈 내색을 안 하던 오빠가 그날 밤에는 고통을 참지 못하고 '아프다'는 소리를 여러 번 내질렀다. "아프지 않고 편안하게 가는 사람은 얼마나 좋을까?" 하는 말도 했다. 나는 아무것도 해 드릴 게 없었다. 그냥 바라만 보고 있었다. 형벌이었다. 겨우 한다는 소리가 "이렇게 아픈 게 오빠가 감당해야 할 몫인가 봐요."였다. "그래, 내 업보지" 했다. 오빠의 속에는 불교적인 것이 너무 많다.

수요일 낮 2시, 서울 목요일 아침 7시, 서울에 사는 해사(海士) 친구 엄목성 씨가 출근하는 시간에 맞춰 오빠가 전화했다. “해사에 들어가 만났을 때부터 오늘까지 자네는 내게 정말 좋은 친구였네. 고마웠네. 나는 이제 가네. 잘 지내다가 오게.” 가는 사람이 남아 있는 친구에게 국제전화로 이별 인사를 했다. 가족에게도 유언을 남겼다. 가족을 한자리에 모아 유언했고, 아들딸 며느리 사위들을 하나하나 따로 불러서 오빠의 부탁을 말했다.

오빠의 임종

오빠는 목요일 밤 10시경에 혼수상태로 들어갔다. 주치의가 와서 이틀 전부터 집에서 맞던 링거를 빼고 침대에 눕혔다. 오빠는 자기가 혼수상태에 들어갈 때 부부 침대가 아닌 오빠의 컴퓨터 방 간이침대에 눕혀달라고 부탁했다. 아내에 대한 마지막 배려였다. 숨만 드렁드렁 쉬었다. 주치의는 임종 숨이라고 했다. 얼마나 지속될지는 예측할 수 없다고 했다. 미국에서는 집에서 사람이 죽으면 경찰이 제일 먼저 온다고 했다. 오빠의 주치의는 교포 의사였는데, 임종을 판단하는 자격증을 갖고 있다고, 어느 시간이라도 괜찮으니 숨이 멎으면 전화하라고 했다. 오빠가 집에서 임종을 맞으려고 생각한 것은 주치의를 믿었기 때문에 가능했다.

그 밤 오빠의 숨은 처음엔 거칠었다가 차차 미세해지고,

간헐적으로 되다가 고요히 잦아들었다. 고통스러운 표정은 없었다. 오빠는 이민 생활의 고단함을 내려놓고, 암도 내려놓고, 자기 몫의 책임과 배려를 완수하고, 침묵 속에서 마지막 터널을 통과하고 있었다.

'여호와는 나의 목자시니 내가 부족함이 없으리로다. 그가 나를 푸른 초장에 누이시며 쉴 만한 물가로 인도하시는도다. 내 영혼을 소생시키시고 자기 이름을 위하여 의의 길로 인도하시는도다. 내가 사망의 음침한 골짜기로 다닐지라도 해를 두려워하지 않을 것은, 주께서 나와 함께 하심이라. 주의 지팡이와 막대기가 나를 안위하시나이다.'

나는 시편 23편의 첫 부분을 종이쪽지에 적어 들고, 오빠의 귀에 대고 읽어드렸다. 한 번 읽고 잠시 쉬고 다시 읽고, 오빠의 숨이 멎을 때까지 읽었다. 그 터널에서 작은 불빛이 되어 드리기 위해 일념을 모았다. 절망과 슬픔은 꾹꾹 누르고. 나는 모른다. 오빠가 나의 시편을 들으셨는지, 청력이 마지막까지 남는다는 것이 일설에 불과할 뿐인지. 나의 발원이었다.

새벽 5시 5분 오빠의 숨이 멈췄다. 10여 분간 오빠를 지켜보며 마음속으로 마지막 인사를 드렸다. 오빠의 얼굴은 평온했다. 의자에서 일어나 방문을 나서는 순간 내 어깨가 가벼워지는 느낌이었다. 무거운 배낭을 메고 있다가 내려놓을 때의 느낌이랄까. 오빠는 73세, 다우니 지역의 로즈힐스 공동묘지에 묻혔다. 이제 슬픔은 남은 사람들의 몫이 되었다. 아, 나의 오빠!

남편의 마지막 여름

• 죽음을 맞이하는 방식 2 •

마지막 가족 여행

2018년 1월 말, 우리 집 거사는 3개월간 입원했던 병원에서 퇴원했다. "나가자, 이제 병원에 다시 안 들어오겠다. 다시 들어오면, 병자가 하나 더 생기겠다."라고 거사가 선언했다. 병자란 간병하는 나를 말하는 것이었다.

본인도 가족도 거사에게 남은 날이 얼마 되지 않다는 것을 예감했다. 그래서 자식들이 가족 여행을 생각하기 시작했다. 거사가 좋아하던 일본 여행을 하고 싶었지만, 가까운 여행지긴 해도 어쨌거나 해외인데, 환자를 모시고 가는 건 아니라고 생각했다. 그래서 생각한 게 제주도였다. 2월 말에 갔다.

그때 제주도에서는 젊은 건축가 그룹이 옛집의 모습을 그대로 살리면서 실내를 편리하고 안목 있는 숙박 시설로 리모델링하는 사업을 시작하고 있었다. 좋은 아이디어였다. 호텔보다는 우리 여행의 목적에 더 맞았다. 성산 일출봉 근처에 있는 집과 애월에 있는 집을 이틀씩 예약해서 4박 5일을 지냈다. 성산의 집에서는 부모와 자식 2대가 툭 터진 한 공간 안에서 보냈다. 애월의 집에서는 3개의 건물이 ㄷ자형으로 배치되어 침실은 분리되고 식사는 모여서 하는 구조였다. 늘 해오던 대로 빵과 달걀과 과일과 커피로 아침 식사를 하거나, 해녀들이 만드는 전복죽을 사다 먹었다. 점심과 저녁에는 맛집을 찾아 나가기도 하고, 시장을 봐서 숙소에서 만들어 먹었다. 서울에서 휠체어를 가지고 갔고, 제주공항에서 SUV 차를 렌트해서 외출은 자유로웠다. 틈틈이 나가서 제주의 풍광을 즐겼다. 거사는 마음이 내키면 '나무아미타불'을 필사하고, 의자에 앉아 봄볕을 쬐며 한가하게 졸았다. 외손자는 야외 식탁에서 외할아버지 앞에 앉아 그림을 그리거나 동화책을 읽었다. 장소를 옮겼을 뿐, 맑은 공기를 마시면서 태연히 평소와 같은 일상생활을 해나갔다. 잠시잠시 불행한 예감을 잊었다. 그러다가 문득문득 아무렇지도 않게 흘러가는 이 평화가 두려워지곤 했다.

돌아오는 비행기에서 외손자와 내가 나란히 앉았다. 그때 여섯 살이던 주원이가 창가 쪽에 앉았다. 창밖으로 구름이 내려다보이기 시작하자 주원이가 그 공간을 손가락으로 가리키며 말했다.

"외할머니, 친할머니가 돌아가셨잖아요? 친할머니가 여기 계시대요"

"누가 그래?"

"아빠가요."

"그전 때, 친할아버지도 돌아가셨잖아요? 친할아버지도 여기 계시대요."

"그래?"

"외할아버지도 돌아가시면 여기로 오실 거죠?"

"그러시겠지."

"아빠가요, 할머니가 많이 보고 싶대요. 그런데 내가 있어서 참는대요."

"그렇구나!"

김포공항에서 집으로 들어오는 차 안에서 거사가 만점짜리 여행이었다고 자식들에게 고마움을 표현했다. 비용도 많이 들고 정성도 많이 들이고 애도 많이 쓴 여행이었다고 내가 덧붙였다.

몇 달 후 외손자의 예상대로 외할아버지는 구름 위로 이사 가셨다.

대장암 판정

우리 집 거사는 2016년 12월 26일 A 병원에서 대장암 판정을 받았다. 의료진은 수술보다는 항암 치료가 낫겠다고 권고했다. 그 권고를 받아들여 3일 후부터 항암 치료를 시작했다. 항암 주사를 맞는 날은 오전 11시경에 병원에 가서 혈액 검사를 한다. 오후 1시경에 외래의 주치의를 만나 아침에 한 혈액 검사 결과를 놓고 항암 주사를 맞을 것인지를 결정한다. 의사가 항암을 결정하면 오후 2~3시경부터 2시간 반 동안 주사를 맞는다. 2주에 한 번씩 이 과정을 반복했다. 2차 항암을 한 후 평소라면 화를 낼 일이 아닌 일에 거사가 화를 냈다. 속에서 화가 끓어오르는 것을 느낀다고 했다. 그 후에도 사소한 일에 가끔 화를 냈다. 항암 주사를 맞은 후 며칠간은 신경이 날카로워지곤 했다. 스트레스로 마음과 몸이 시달린다는 것을 옆에서 느꼈다.

9차 항암을 한 일주일 후에 CT를 찍었다. CT를 찍고 일주일 후 그 결과를 봤다. 암 부위가 많이 줄어들었다고 했다.

본인도 가족도 안도의 한숨을 가만히 내쉬었다. 주치의는 그 결과에 고무되는 듯했다. 그날 10차 항암을 했다. 그리고 2주 후에 11차 항암을 예고했다. 내가 주치의에게 제안했다. 일단 좀 쉬면서 몸을 추스르고 다시 시작하면 어떻겠느냐고. 옆에 있는 나에게는 환자의 몸이 항암을 이겨내려고 바짝 긴장하고 있는 게 느껴졌다. 한 호흡을 늦춰 그 긴장을 이완시켜야 할 것 같았다. 주치의는 항암은 12번을 해야 그 결과를 확실히 알 수 있다고 했다. 주치의의 의견이니 쉬자는 주장을 다시 할 수는 없었다.

2주 후 11차 항암을 하러 가는 날, 거실에서 아침 식사를 하던 거사가 방에 있는 나를 불렀다. 거사가 옆으로 쓰러지고 있었다. 몸을 일으켜 세웠는데 몸을 가누지를 못한다. 이게 뭐지? 우선 119를 불렀다. A 병원으로 가자고 했다. 그 병원에 환자에 대한 기록이 있다고. 응급실에 들어가서 혈압을 재니 200이 나왔다. 뇌출혈이었다. 평생에 혈압약이라곤 한 알도 안 먹은 사람이다. 뇌출혈로 왼쪽 마비가 왔다. 응급실에서 중환자실로 옮기고, 다음 날 뇌졸중 집중치료실로 들어갔다. 뇌졸중 집중치료실에서 3일을 지낸 후 일반 병실로 옮겨서 재활 치료를 시작했다.

뇌졸중 재활 치료

정신없이 며칠을 지낸 후, 벌어진 일에 대한 심각성을 인지하기 시작했다. 가까운 이들에게서 뇌졸중을 본 일이 없어서 뇌졸중이 얼마나 무서운 병인지를 모르고 살았다. 원망과 후회가 일어났다. 주치의가 내 의견을 들어주었다면 이런 일이 안 생겼을 텐데. 왜 더 강력하게 주장하지 못했을까? 의사는 환자의 암 덩어리가 줄어드는 것에만 집중하고, 환자의 몸은 생각하지 않은 거였다. (몇 년이 지난 지금도 그날 일을 생각하면 원망과 후회가 올라온다. 쓸데없는 원망과 후회가.)

직립 인간이 자기 의지대로 서지 못하고 손발을 마음대로 움직이지 못할 때, 당사자가 느끼는 자괴감을 다른 사람은 모른다. 그저 짐작만 할 뿐이다. 며칠 후 거사가 내게 조용히 말했다. 수면제를 30알 정도 구해달라고. 내가 수면제 처방을 받아 복용하는 것을 알고 있기에 하는 말이었다. 그 수면제로 세상을 하직하겠다는 것이다. 어이없는 웃음이 나왔다. 그러니까, 당신은 수면제 먹고 저세상으로 가고, 나는 남편 죽인 여자로 감옥으로 가자는 말이냐고 반문했다. 아무 대답이 없었다. 평생 꼿꼿한 자세로 살아온 사람인데 자괴감이 얼마나 심했으면 이런 생각을 했을까. 나는 돌아서서 속으로 울었다. 그러나 울고만 있어서는 안 되는 일이었다.

이것은 항암 치료와는 다른 차원의 일이다. 자괴감에 시달리는 남편을 꽉 안아서 일으켜야 한다. 나는 마음을 다잡았다.

아는 의사에게 의론을 드리니, 재활 치료에는 본인의 의지가 가장 중요하며, 한편 시간이 걸리는 일이니, 집에서 가까운 병원으로 가는 것이 좋다고 권했다. 마침 우리 동네에 있는 K 병원에 재활의학과가 있었다. A 병원에서 4주간 재활 치료를 한 후 K 병원으로 옮겨 3개월씩 두 번 입원해서 재활 치료를 받았다. 재활 치료는 병원 측에서 각 환자의 정도에 맞게 치료 스케줄을 짜서 30분 단위로 여러 종류의 치료를 한다. 재활실에 들어간 첫날 첫 치료가 경사 침대에 환자를 묶어 세우는 것이었다. 처음 보는 광경이었다. 가슴이 떨렸다. 어쩌다 이런 일이 생겼나?

사람은 누구나 죽는다. 죽음의 순간에 자기 몸에 대해 어떤 생각을 하느냐는 중요한 문제라고 생각해 왔다. 몸속의 장기(臟器)는 어쩔 수 없더라도, 나는 일어서서 걷지도 못하고, 몸의 반쪽이 내 마음대로 움직여지지 않는다는 관념을 가지고 떠나면 안 된다는 생각이었다. (나는 윤회를 믿는 불교도다.) 거사에게 말했다. "우리 뇌졸중은 고치고 대장암으로 죽자."

환자와 가족이 재활 치료에 일념으로 매달렸다. 나는 사회생활을 끊고 환자 옆에 바짝 붙었다. 다인실의 간병인 침대에서 먹고 잤다. 일주일에 한 번씩 아들이 교대해 줘서 집에서 쉬었다. 딸네는 출근차의 트렁크에 병원에서 필요한 물품들을 사서 싣고 다니면서, 전화 한 통이면 퇴근길에 보급해 주고 갔다. 환자는 병원이 하라는 치료 스케줄대로 열심히 따랐다.

뇌졸중 환자의 다인실 병실에서 겪었던 일들, 슬프고 비루한 일들, 우리 가족도 참여자가 되어 세상의 한 모퉁이에 이런 삶도 있다는 걸 겪으면서 알아 갔다. 하루의 고단한 일정을 마친 후 간병인 침대에 쪼그리고 누워 잠들며 오늘 밤, 이 비좁은 침대에서 죽을 것만 같은 자기 연민에 빠져 숨죽여 운 날들도 있었다. 휠체어 조작을 잘못해서 거사를 병원 복도에 나뒹굴게 했을 때, 미안해서 몸 둘 바를 몰랐다. 다음 순간 나를 나무라는 듯한 거사의 표정을 읽자, 미안함을 비집고 섭섭한 마음 한 줄기가 올라오기도 했다. 내 모습이 피폐해지자, 문병하러 온 분들이 이러다가는 당신이 먼저 쓰러지겠다고 간병인을 쓰라고 충고했다. 일리 있는 충고였다. 나의 혈압 주치의도 내가 간병할 나이는 아니라고 했다. 나는 생각했다. 그러면, 간병인에게 남편을 맡기고 나는 집

소파에 누워 TV 보면서 쉰다? 내 맘이 편할까? 50여 년을 함께 살아온 반려자가 지금 생사의 기로에 서 있는데, 이 대목에서 내 건강을 먼저 챙기라고? 그 50년 속에는 사랑만 있었던 건 아니고 미움도 상처도 있었지만, 그런 건 세월이 쌓이면서 다 용해되어 경계선이 모호해졌고, 서로에 대한 끈끈한 연민만이 남았다. 시간으로 다져진 연민은 사랑보다 힘이 세다. 내 몸은 늙었어도 내 맘이 그 충고를 받아들이지 않았다. 아직 쓰러지지 않았으니 쓰러지면 그때 간병인을 쓰자! (나중의 얘긴데, 간병인 문제가 화제에 올라, 내가 '나는 애초에 간병인 쓸 생각은 안 했어' 하니 거사가 '나도 안 했어'라고 대꾸했다. 이건 무슨 의미일까.)

5월 17일에 쓰러진 거사는 4개월 만인 9월 17일에 일어섰다. 아침에 일어나 휠체어 없이 지팡이를 짚고 공동화장실까지 걸었다. (다인실 안에는 화장실이 없다.) 갓난아기의 첫걸음 같았다. 이건 시작일 뿐이다. 다음 해 1월 21일 퇴원할 때까지 재활 치료를 했다. 80% 정도 몸이 돌아왔다. 그동안 암은 자기 영역을 확장해 나갔다. 몸은 과학이다. 다행히 환자의 의식은 또렷했고 통증이 없었다. 남은 시간을 자기 의지대로 마무리할 수 있었다.

2018년 1월 1일~ 8월 10일 간병 일기초

1월 1일

새해 아침이다. 새벽 2시에 잠이 깼다. 거실로 나왔다. 거실에서 아버지와 아들이 자고 있다. 거사는 자는 것 같지 않다. 뒤척인다. 거사의 옆에 누워 말을 붙였다. 거사가 이 해를 넘기지 못할 것 같다고 한다. 남은 시간 동안 하루하루 최선을 다해 살아가는 것밖에 없다고 말한다. 나도 동의했다. 아침에 딸이 준비해 준 떡만둣국을 끓여 먹었다. 정성스럽게 만든 국물이 맛있다. 평화다. 저녁 7시 반에 병원에 들어왔다. (지난번 두 번째로 입원했을 때부터 토, 일요일에는 외박허가를 받았다.) 낮에 사두었던 작은 주스 한 병씩을 병실의 이웃들에게 나누면서 새해 기원을 드렸다.

1월 2일

2018년 재활 치료가 시작되었다. 올해도 성실하게 치료에 임하여 좋은 결과를 얻게 되기를 기원한다. 오후 1시경 노인장기요양보험 용산센터에서 직원이 나와 환자와 인터뷰했다. 등급판정은 1월 18일 오후 2시에 알려준다고 한다.

1월 3일

아침 회진에서 재활과장이 노인장기요양보험에 의사 소견서를 보냈다고 말했다.

1월 5일

오후 '운동' 시간에 거사가 병원 밖으로 나가 거리를 걸었다. 재활치료사가 옆에서 지키고 나는 뒤를 따라가며 '나무아미타불' 염불을 속으로 했다. 바람은 차지만 그 바람 속에 봄이 들어와 있는 느낌이었다.

1월 6일

오늘은 집으로 외박을 나가는 날이다. 낮에는 동네 맛집에서 바지락칼국수를 사다 먹고 저녁에는 딸이 준비해 온 음식을 다 같이 모여 먹었다. 아들이 아버지의 목욕을 시켜드렸다. 저녁 먹고 외손자가 '효녀 심청 이야기'를 읽었다. 모여 앉아 경청한다. 맛있는 음식 먹고 손자 재롱도 보고, 행복한 저녁 한때다. 그런데 손자의 재롱을 보거나 손자 생각이 나면 거사의 눈에 눈물이 고이곤 한다. 손자가 커가는 모습을 못 보게 되는 것을 가장 섭섭해하는 것 같다.

1월 7일

아침에 거사가 소변을 보려다가 균형을 잃어서 나둥그러졌다. 다치지는 않았는데 둘이 놀랐다. 아침이 제일 불안하다. 균형감각이 제대로 작동되지 않는 것 같다.

낮에 둘이 있을 때 거사가 내게 고맙다고 했다. 뇌졸중으로 쓰러진 자기를 일으켜 세운 건 당신과 주원이라고. 손자와 하이 파이브를 하면 손자의 손이 자석이 되어 자기를 일으켜 세우곤 한다는 것이다. 밤 8시경에 병원으로 들어왔다.

1월 8일

재활과장과 퇴원 얘기를 했다. 뇌졸중 치료를 위해 대장암 치료를 중단하고 있었는데 퇴원하면 대장암 치료에 대해 생각해 봐야 한다. 내가 항암 치료하다가 뇌졸중이 재발하면 어떡하느냐고 걱정하니 거사가 "이리 가다가 죽으나 저리 가다가 죽으나 마찬가지야."라고 한다.

1월 27일

아침 9시 30분부터 11시 20분까지 재활 치료를 하고 12시 지나서 K 병원에서 퇴원했다. 집에 왔다. 거실에 있는 3인용 소파를 내다 버리고 그 자리에 내가 쓰던 1인용 침대를 내놨다. 말아 세워 놨던 카펫을 깔았다. 거실을 병실로 만들었다.

1월 28일

딸이 이케아에서 식탁을 사 왔다. 움직일 수 있는 가벼운 식탁이다. 침대와 기역 자가 되게 배치했다. 식탁의 높이가 침대의 높이보다 높으니까, 식탁을 침대 쪽으로 밀면 거사가 침대에 앉아서 식사도 하고 신문도 볼 수 있다. 식탁을 끌어내면 여섯 식구가 한자리에 모일 수 있다. 거사의 거처가 안정돼서 안심이다.

2월 6일

거사가 새벽에 화장실 앞에서 넘어졌다. 쿵 하는 소리에 잠이 깼다. 거사가 화장실 앞에 앉아 있다. 가슴이 덜컥 내려앉았다. 내가 너무 곤히 자니 깨울 수가 없었다고 한다. 뼈는 괜찮은 것 같은데 지켜봐야겠다.

2월 15일

내일이 설날이다. 오늘부터 설 연휴가 시작된다. 저녁에 전야제로 설날 행사를 하기로 했다. 아들이 오후에 일찍 와서 아버지 목욕시켜 드리고 집 청소를 했다. 딸이 설음식을 준비해서 저녁에 가지고 왔다. 새로 산 식탁에 모여 앉아 식사했다. 식사 후에 세배했다. 아픈 어른에게는 절을 안 하는 것이 우리 풍속이다. 그러나 오늘은 그냥 했다(마지막 세배가 될지도 모른다는 마음에서). 즐거운 시간이었다. 자식들의 정성이 고마웠다.

2월 16일

어제저녁 아들이 제집으로 가지 않고 아버지 옆에서 잤다. 그 덕분에 나는 안방에 들어와 잤다. 오래간만에 잠을 푹 잤다. 아침은 떡만둣국으로 간단하게 해결. 거사의 체력이 점점 약해져 가는 것 같다. 문득 불안한 마음이 든다.

2월 19일

늦은 밤에 거사와 둘이 앉아 TV 채널을 돌리다가 〈일본 맥주 마시기〉라는 제목에 끌려서 봤다. 일본의 온천 마을에 한국 청년 셋이 가서 지낸 이야기인데 쏠쏠하게 재미있었다. 아무 일도 일어나지 않을 것같이 평화로운데 우리가 왜 헤어져야 하나? 하는 생각이 들었다. 갑자기 울컥해졌다.

2월 24일부터 28일까지 제주도 여행을 했다.

3월 7일

염기철 씨 산소에 다녀왔다. 염기철 씨는 TBC 라디오 시절의 부하직원이다. 작년에 별세하여 용인 천주교 묘지에 있다. 1주기다. 산소 앞까지는 휠체어로 갈 수 없어서 누군가의 부축을 받아야 하는데, 거사는 자신의 처지도 생각지 않고 한 달 전부터 이날을 꼽고 있었다. 동행한 후배들의 부축을 받으며 힘겹게 성묘했다. "나 죽으면 염기철에게 맨 먼저 알려. 염기철이 다 알아서 할 거야." 하던 그 '염기철이' 갑자기 뇌출혈로 세상을 먼저 떠나자, "내가 더 이상 살맛이 없다."고 슬퍼했다. 두 사람은 상사와 부하의 관계를 떠나 신뢰의 관계로 일생을 살았다.

3월 12일

A 병원에 가서 대장암 주치의를 만났다. 3월 2일에 찍은 CT 결과를 봤다. 대장암이 많이 진전되어서 이제 항암 주사도 소용이 없게 되었다는 결론이다. 일상생활도 할 수 없게 될 거라고 했다. 환자와 가족이 함께 결론을 들었다. 진료실을 나와 거사가 말했다. 의사가 나를 대접해 줬다고. 이제

어찌해야 하나.

3월 18일

거사가 아침 잡숫고 잠이 들었는데 12시 반이 되어도 깨지 않는다. 자는 모습을 보고 있으려니 내 마음도 무거워진다. 적막강산이다.

3월 19일

오전 내내 우울했다. 거사를 붙들고 울고 말았다. 거사가 말했다. "내가 죽을 때까지 당신이 힘들 거야."

3월 20일

거사가 마음을 다잡은 것 같다. "우리 유쾌하게 지내자고 그랬지?" 한다. 그러다가 그냥 누워 한없이 잔다.

3월 22일

아침에 문득 생각했다. '이렇게 하루하루 불안하고 걱정스럽게 살아야 하나? 걱정한다고 미래의 일이 바뀌는 것도 아닌데. 걱정하면서 현재의 시간을 망치고 있는 건 아닌가? 유쾌하게 지내도록 노력하자!' 마음을 돌리고 나니 조금 편해지는 느낌이다.

3월 23일

거사가 아직 음식도 조금씩은 먹을 수 있고 앉아 있을 수도 있으니, 그동안 고마웠던 이들에게 점심 대접을 하고 싶다고 제안했다. 좋은 생각이다. 그 첫 행사로 우리 동네 음식점에서 칠칠회 분들에게 점심을 대접했다. 칠칠회는 옛 TBC 라디오의 동료들 모임이다. 비슷한 연배의 오랜 친구들이다. 무거운 마음들을 누르고 따듯한 덕담을 나누었다.

3월 26일

노인장기요양보험에서 방문요양사가 온 첫날이다. 나이 지긋하고 믿음직스러운 최 선생이 오셨다. 오후 2시부터 5시까지 3시간, 월요일부터 금요일까지다. 뒤이어 복지사가 와서 현관에 방문요양사의 출퇴근을 기록하는 태그를 붙였다. 정보통신 기술이 많이 발전했다. 요양사가 있는 동안에는 내가 외출해서 일을 볼 수 있고, 안방에 들어가 쉴 수도 있다.

3월 29일

우리 동네 음식점에서 형제분들에게 점심을 대접했다. 위의 형님 한 분, 남동생 두 분이다. 부산에 사는 누이동생은 못 왔다. 우리가 밥값을 내려 하니, 막냇동생이 언짢아했다. 아픈 형님에게 음식값을 내게 할 수는 없다고. 내가 설명했다. 그동안 동생들이 형님들에게 얼마나 지극하게 잘해 드렸냐고, 이런 날이 또 오리라고 장담할 수 없으니, 오늘만은 둘째 형님이 형제분들을 대접하고 싶어 하는 거 받아주시라고. 손아래 동생이 손수건을 꺼내 눈물을 훔쳤다. 나도 울컥해졌다.

3월 31일

토요일이다. 아들딸과 셋이 경기도 고양에 있는 해인사 미타원에 다녀왔다. 그동안 사위와 외손자가 할아버지를 봐 드렸다. 미타원은 대림산업이 옛 절터에 지은 것을 해인사가 인수하여 운영하는 납골당이다. 대자산 자락에 아미타불을 모신 극락보전을 가운데 두고 양쪽에 추모관(납골당)과 사무실 건물이 ㄷ자형으로 배치되어 있고, 극락보전은 북망산천을 향하고 있다. 추모관 건물은 납골당이라기보다는 미술관 같은 느낌이다. ㄷ자의 가람 배치는 영가를 이승에서 극락으로 보내는 반야용선(般若龍船)의 이미지를 표현한 거라는 설명을 들었다. 전체적으로 품격이 있는 납골당이다. 이곳에 모시는 문제에 대해 세 사람이 다 흡족해했다. 지장보살의 오른발 밑에 들어갈 자리를 정하고 예약했다. 마음에 드는 자리에 모신다는 안도감이 작은 위로를 줬다. 돌아와서 거사에게 보고하니, 담담하게 듣는다.

4월 1일

일요일은 적막하다. 온종일 둘이 지낸다. 거사는 잠만 잔다. 오후에 거사가 나무아미타불을 조금 필사했다. 오늘은 마음이 많이 안 좋은 듯 자는 얼굴이 편안치 않다. 자다가 일어나 '미타원에 빨리 가고 싶다'고 했다. 마음이 볶이는 게 싫다는 의미 같다. 나도 몸과 마음이 괴로워 부처님께 투정을 해댔다. 하루 내내 식도가 쓰렸다.

4월 2일

최 선생이 들어오면서 거사에게 날씨가 좋은데 밖에 나가시지 않겠냐고 권한다. 거사가 나가고 싶다고 하면서, 박물관에 가자고 한다. 최 선생이 휠체어로 모시고 박물관으로 떠났다. 작년 5월 뇌졸중이 온 이래 처음 가는 박물관 산

願我臨欲命終時
盡除一切諸障礙
面見彼佛阿彌陀
卽得往生安樂刹

"원컨대 내가 임종할때에 모든 장애를 없애고, 아미타불을 친견하고 극락세계에 왕생하기를 원합니다"

2015. 8. 4.

남편 고(故) 정인섭 거사의 육필 메모

책이다. 경내에 있는 편의점에서 아이스크림을 사 먹어서 좋았다고 한다.

4월 12일

여의도 홍우빌딩의 한 일식당에서 모임을 하던 옛 TBC 후배들을 초대했다. 선배나 후배나 다 퇴직한 후 옛 인연을 못 잊어 마련했던 모임이다. 끈끈한 관계들이다. 나도 끼워

줘서 참여하곤 했다. 염기철 씨가 간 후에 염기철 씨의 부인 이문승 교수도 합류했다. 오늘은 우리 동네에 모였다. 항상 모이면 유쾌했었는데 오늘은 분위기가 무거웠다.

4월 22일

적막한 일요일이다. 거사에게 "너무 힘들지요?" 하니 눈가가 젖는다. 어떤 생각이든지 그 생각이 흘러가다 닿는 지점은 죽음이다. 거기가 종착점이다. 그러면 더 이상 빠져나갈 길이 없다. 죽음을 앞에 놓고 있는 본인의 마음은 얼마나 힘들까.

4월 29일

아침에 구기동 입구에 있는 '옛날 민속집'에 우리 가족이 다 함께 갔다. 30년 가깝게 일요일 새벽 등산을 한 후 선후배가 모여 아침을 먹던 음식점이다. 등산 멤버였던 후배들도 왔다. 점장인 이쁜이 아줌마가 반갑게 맞이하며 거사의 아픔을 애타 한다. 외손자가 의젓하게 한 자리를 차지하고 재롱을 부려 그런대로 분위기가 밝았다. 오늘도 음식값은 우리가 냈다.

5월 9일

우리 동네 음식점에서 탤런트 김용림, 송도순 씨에게 점심을 대접했다. 두 여성은 라디오서울 개국 때 성우와 PD로 거사와 인연을 맺은 이들이다. 오랜 인연이고 고마운 이들이다. 저녁때 거사가 말했다. 아직 대접하고 싶은 이들이 남아 있는데, 이제 힘들어서 그만해야겠다고. 그러자고 했다.

5월 22일

부처님오신날이다. 비가 오는데 거사가 길상사에 가자고 한다. 그동안 해마다 주원이와 길상사에 가곤 했는데 오늘이라고 안 가면 되겠냐고 하면서 거사가 눈물을 보였다. 휠체어를 가지고 갔다. 우리가 도착하자 바로 일주문 앞에 자리가 나서 쉽게 주차할 수 있었다. 우리 자리를 남겨놓은 것 같았다. 거사가 편안한 마음으로 고통 없이 가게 해 달라고 아미타 부처님께 기도했다. 거사를 간병하는 나의 몸과 마음이 끝까지 버틸 수 있게 힘을 주시라고 기도했다. 이 시간이 힘든 시간이지만, 금쪽같이 귀한 시간이기도 하다고 생각했다.

6월 6일

현충일이다. 거사가 용산에 새로 지어진 아모레퍼시픽 빌딩(2017년 10월 준공)을 보고 싶어 했다. 여러 번 미루다가 애들이 쉬는 오늘 딸네와 같이 다녀왔다. 거사는 우리 동네에 국립중앙박물관이 들어올 때와 용산에 아모레퍼시픽 건물이 새로 지어질 때 관심이 많았다. 우리 동네에 좋은 건물이 들어섰다고 좋아했다. 휠체어로 모시고 가서 둘러보고 점심도 먹고 왔다.

6월 20일

오전 중에 거사가 대변이 마렵다고 했다가, 아니라고 했다가를 반복했다. 내가 한마디 하고 말았다. "잘 생각해서 해야죠." 거사가 말했다. "잘못했어요." 힘없이 하는 이 한마디. 그 순간 내 가슴이 무너져 내렸다. 이 불쌍함, 내가 도무지 무슨 말을 한 건가. 내가 말했다. 앞으로는 잘못했다는 말은 하지 말라고, 환자가 잘못한 게 어디 있냐고. 하루 종일 아침 일이 자꾸 생각났다. 그때마다 울었다. 나중에 잘못한 건 당신이 아니고 나라고 사과했다. 거사가 아무 일도 없었던 것처럼 담담하게 대답했다. "다 사소한 일이야."

6월 30일

이제 거사가 거실에서 화장실로 샤워하러 가는데, 한 번에 못 간다. 중간에 의자에 앉아 쉬어야 한다. 샤워하기 전에 딸이 이발을 해드렸다. 아들이 샤워시켜 드린 후 안방에서 한잠 잤다. 내가 들어가니 거사가 한 마디. "우리 집을 생각하면 내가 가야 해. 지금이 가야 할 때야. 이렇게 깨끗할 때 가면 좋은데. 그게 안 되네. 뒤돌아보지 말고 휘익 가야 하는데."

7월 1일

거사가 음식을 너무 적게 잡순다. 한 숟가락만 더 드시라고 드렸다. 식사가 끝난 후, 식사할 때가 하루 중 제일 고통스럽다고 했다. 이렇게 적게 먹어서 어쩌나 하는 불안감이 있는데, 내가 채근하는 것이 보태져서 더 고통스럽다고. 이제 안 그러겠다고 했다.

7월 2일

하루 종일 비가 왔다. 문득 생각했다. '아픈 날도 인생의 날이다. 어찌 건강할 때만이 인생의 날이겠는가. 거사가 끝나는 날까지 같이 잘 살아야 한다.'

7월 3일

점심때 한바탕 소나기가 쏟아졌다. 안방에 들어가 쉬다가 창밖을 보니 소나기 후의 뭉게구름이 이쁘다. 최 선생에게 거사를 베란다로 모시고 나가 구름을 보여드리자고 했다. 베란다에 의자를 놓고 앉아 한참 구름을 봤다. 거사가 좋은 걸 보여줬다고 즐거워했다. 흐뭇하면서도 한편으로는 슬픈 시간이었다.

7월 8일

거사가 자신의 부고를 썼다. 내게도 한마디 하라고 했다. "고독에 빠지지 말고 씩씩하게 살아."

7월 9일

거사가 책 속에 감춰둔 비상금을 가져오라고 했다. 80만 원. 아들과 딸에게 각각 30만 원, 나머지 20만 원은 나에게 줬다.

7월 16일

거사가 내 얼굴을 손으로 쓰다듬었다. 무슨 뜻이냐고 물으니 "당신이 곁에 있어서 편안해."

7월 23일

안방에서 쉬는데 최 선생이 나를 부른다. 어르신이 오늘 가게 될지도 모르니 아이들을 다 부르라고 하신다고. 오늘 가실 상황은 아닌 것 같은데, 하여간 아이들을 부르라니 내 판단으로 무시할 일은 아닌 것 같아 애들에게 전화했다. 아들은 곧 오겠다고 했다. 딸은 모처럼 외손자를 데리고 물놀이에 가 있다. 바로 오라고 하지 못했다. 좀 주무시라 하고 옆에 앉아 염불했다. 거사가 마음을 바꾸는 거 같았다. 저녁에 뭐 먹어? 하고 묻는다. 안심했다. 딸네 사정을 말하니 "천천히 오라고 해." 한다. "오늘은 이렇게 넘어가자." 한다. 나중에 왜 그랬냐고 물었다. "이런 모습으로 있는 내가 너무 싫어서, 빨리 가고 싶어서 그랬어."라고 실토했다.

7월 25일

거사가 밤새도록 기침을 심하게 했다. 거사도 나도 한잠도 못 잤다.

7월 26일

아침 8시 전에 119를 불러 A 병원 응급실로 갔다. 응급실에서 긴급치료실로 옮겨 X레이, CT 등 각종 검사를 했다.

암에 대한 결과는 예상한 대로였다. 환자의 몸이 탈진해 있으니 그냥 집으로 가지 말고 다른 병원으로 가서 몸을 추스르고 가라고 했다. 호스피스 병원으로 가겠느냐고 묻는다. 안 가겠다고 했다. 뇌졸중 재활 치료를 하던 K 병원 내과에 1인실이 비어 있으면 그리로 보내 달라고 했다. 이제 정말 남은 시간이 얼마 안 된다는 걸 실감했다. 익숙한 환경에서 가족과 만나고, 지인들과도 마지막 인사를 나누고, 염불도 할 수 있는 곳에서 환자가 존중받으면서 떠나게 하고 싶었다. K 병원은 재활 치료할 때 3개월씩 2번 입원했던 병원이다. 그때는 다인실에 있었다. 그러나 이제는 1인실로 가야 한다. 다행히 병실이 있었다. 저녁때 K 병원으로 옮겼다.

7월 27일

하루 종일 링거를 맞았다. 저녁때 주치의가 회진을 왔는데 아무 설명 없이 그냥 나간다. 버려졌다는 느낌. 어쩌랴, 현실인데. 거사의 마지막이 온 거 같다고 지인들에게 전화했다.

7월 28일

아침 회진을 하고 나가면서 주치의가 혈액 검사를 해봐

야겠다고 했다. 검사를 해서 고칠 수 있는 게 있냐고 물었다. "없죠." "그러면 하지 마세요." 주치의가 '환자가 한 달을 못 넘길 것 같다'고 덧붙였다. 내가 말했다. "이번 주를 못 넘길 거예요."

7월 30일

아침에 눈을 뜨는데 허공에 글자가 보였다. 'Life Off'. 인생이 끝났다는 의미? 어찌 이리 리얼하게 예고하는가? 거사에게는 말하지 않았다. 그런데 거사가 알고 있는 듯이 말했다. 이제 애들을 오라 해서 작별해야 할 시간인 것 같다고. 내일 딸이 회사에서 품평회가 있으니 품평회 끝나고 오라고 하자 하니, 그러자고 한다.

밤 11시에 간호사가 마지막 점검을 하고 나간 뒤 잠깐 졸았다. 거사의 우는 소리에 깼다. 나를 두 번 불렀는데 내가 대답을 안 하니 없는 줄 알고 울었다. 아가가 자다가 깼는데 엄마가 안 보이면 우는 것처럼 엉엉 울었다. 아가처럼 가슴을 토닥여 주며 염불했다. 평화롭게 잠들었다. 아, 얼마나 불쌍한지!

7월 31일

거사가 한 손으로 비행기가 내려앉는 시늉을 했다. 무슨 뜻이냐고 물었다. "내가 지금 연착륙하는 거야. 맞지?" "맞아요." 임종이 올 때 자기 손을 잡고 아미타불 염송을 해달라고 부탁했다. 그러겠다고 약속했다.

남편의 임종

8월이다. 본인의 말처럼 거사는 연착륙하고 있었다. 식사 대신 영양제와 수액을 맞았다. 매일 먹던 약도 다 끊었다. 다행히 정신 상태는 정상이었고, 통증은 없었으나 밤에 숨이 찬 발작이 오곤 했다. 그게 제일 힘들었다. 새벽 1시에 심한 발작이 왔는데, 얼마나 힘들었는지 "엄마야, 나 좀 살려줘." 했다. 가슴이 찢어지는 것 같았다. 그때마다 일념으로 염불했다. 환자의 귀 가까이에 대고 낮은 목소리로 염불하면 서서히 호흡이 정상으로 돌아오면서 평화롭게 잠들었다.

며칠에 걸쳐 형제, 친구, 후배들이 왔다. 담백하게 이별 인사를 나누었다. 후배들에게는 '왜 이렇게 늦게 왔느냐'고 말하기도 하고 엄지척을 해 보이기도 했다. 딸은 매일 퇴근길에 들렀다 가고, 아들은 병실에서 잤다.

목요일 밤 호흡이 가빠졌다. 오빠의 임종 때 봤던 그 숨이다. 밤 12시경에 환자의 몸에 모니터를 부착했다. 거사는 무슨 말인가를 하려고 애썼는데 알아들을 수 없었다. 말이 뭉뚱그려져 나왔다. 그동안 얘기 많이 했으니 다 안다고, 힘들게 말 안 해도 된다고 안심시켜 드렸다. 그 밤 아들딸과 곁을 지키면서 손을 잡고 일념으로 아미타불을 염송했다. 약속한 대로. 한 사람씩 아버지와 남편의 귀에 대고 작별의 말을 했다. 8월 10일 금요일 새벽 5시, 모니터의 지그재그로 가던 선이 일직선이 되고 그 끝의 숫자가 0이 되었다. Life Off.

딸이 아빠의 장례를 장례 잔치로 해 드리자고 했다. 슬픔은 꾹꾹 누르고 무겁지 않은 마음으로 장례를 치르자는 생각이다. 그 마음을 읽은 듯이 박종린 법사가 조문 마지막 날 밤에 왔다. 조문객은 다 다녀가고, 아들 친구 몇과 성우 배한성 씨가 남아 있었다. 박종린 법사가 가족과 배한성 씨를 옆에 세우고 영정 앞에서 〈내 맘의 강물〉(이수인 곡)을 불러 드렸다. 가벼운 웃음을 띠고 있는 영정 속의 거사가 물끄러미 우리를 내려다봤다. 남편과 아버지였고 라디오 맨이었으며, 부처님의 제자가 된 정인섭 거사, 이제는 '내 맘의 강물'이 되었다.

나의 남편 정인섭은 1933년 황해도 해주에서 태어났다. 6·25가 터지기 전 외할머니의 손을 잡고 38선을 넘어왔다, 20대에 신문기자를 하다가, 1964년 '라디오서울(TBC 라디오의 전신)'이 개국할 때 PD로 전업했다. 1990년 불교방송이 개국할 때는 전무로 참여하여 개국을 도왔고, 1997년 지역방송인 경기방송이 개국할 때 사장으로 참여했다. 평생을 라디오 맨으로 살았다. 우리는 1965년에 결혼, 남매를 두었다. 85세에 세상을 떠났다.

낮은 가지에서도 꽃은 피더라

• 사하촌(寺下村) 할머니의 발원 •

나는 해인사에서 발간하는 월간 《해인(海印)》의 창간 독자다. 《해인》은 1982년 3월에 표지 포함 8면의 월간으로 시작했다. 지금은 표지 포함 52면의 어엿한 잡지로 나온다. 《해인》이 창간한 지 2년쯤 되었을 때, 20만 원을 내고 평생 독자가 되어 지금까지 다달이 《해인》을 받아본다. 42년간 발행된 《해인》을 버리지 않고 다 모아 놨다. 그중 2권은 손닿는 내 서가에 꽂혀 있다. 한 권에는 1999년 2월에 쓴 나의 글이 실려 있고, 다른 한 권에는 지금 내가 쓰려는 한 할머니의 얘기가 들어 있다. 2011년 8월호에 〈해인사와 나의 할머니에 대한 잊을 수 없는 기억〉. 당시 농협 합천군지부 총무팀장

이연환 씨가 쓴 글이다.

어린 시절 이연환 씨의 곁에는 늘 할머니가 계셨다. 부모님이 장사하러 다녔기 때문이다. 아침잠에서 깨어나며 몽롱한 의식 속에서, 먼 산사에서 들려오는 독경 소리 같은 할머니의 염불을 들었다. 그때는 그 소리가 염불인지 몰랐다. 무슨 가락을 외우시는 줄 알았다. 이연환 씨가 잠을 깬 후에도 어떤 때는 30분, 어떤 때는 2시간도 넘게 염불하셨다. 염불이 끝나면 할머니는 "내가 죽게 되거든 딱 3일만 누웠다가 가게 해주시기를 비나이다. 나무아미타불!"이라고 하셨다. 젖먹이 시절부터 초등학교 때까지 아침마다 귀에 못이 박히도록 들은 할머니의 소원이다.

할머니는 이연환 씨가 초등학교 5학년 때인 겨울에 돌아가셨다. 당시 할머니는 84세였는데 허리도 굽지 않고 병치레도 없었다. 어느 날 오전에 마당에 나가 땅콩을 까서 키질하셨다. 오후 세 시쯤 방에 들어와 자리 펴고 반듯이 누우시더니, 어머니를 불러, "쌀 두세 가마 방아를 찧어라." 하셨다. 어머니가 "어머님, 쌀이 아직 서 말이나 남았는데 방아를 그리 많이 찧으라 하십니까?"라고 했다. 할머니는 대답이 없었다. 부모님은 손수레에 나락을 싣고 가서 방아를 찧어 왔다.

할머니는 그 밤부터 누워서 일어나지 않고 곡기도 끊었다. 아버지가 의사를 불러올까요, 하고 여쭈어도 고개를 흔들어 마다했다. 아버지가 "불효자식을 만드실 것입니까?" 하니, 그제야 의사 왕진을 허락했다. 할머니를 진찰한 의사는 할머니에게는 특별한 병이 없다며 그냥 돌아갔다. 온 가족이 할머니 곁에 앉아 따듯한 물로 입을 적셔 드리고 손발을 만져 드렸다. 할머니는 누운 지 '딱 3일' 만에 가셨다. 단 한 번의 앓는 소리도 내지 않고 잠들 듯이 가셨다. 어린 이연환 씨는 그 광경이 신기했다고 회고했다. 귀에 못이 박힐 만큼 들은 소원대로 가시다니!

이연환 씨가 커서 알게 된 일인데, 할머니의 염불은 할아버지에게 배운 것이라 했다. 어머니 말씀이 할아버지는 글을 잘 써서 할머니 가문에 장가드셨고, 결혼해서도 글만 하고 농사와 자식 키우는 일은 할머니가 도맡아 했다고 한다. 자식들이 좀 큰 후에는 집안 살림은 할머니에게 맡기고 아예 해인사로 올라가서 절 사무를 보셨다. 절에서 외부로 나가는 공문을 할아버지가 썼다고 한다. 한두 달에 한 번씩 할아버지가 해인사에서 내려오면 할머니는 아무 불평 없이 옷을 챙겨드렸다. 그리고 할아버지가 가르쳐준 염불만 하셨다.

살아 있는 법문이었다. 내가 평생 들은 어떤 법문보다도 세게, 내 등을 탁! 쳤다. 내 앞에 닥친 현실 문제에 대한 해답이었기 때문이다. 경봉(鏡峰) 스님의 법어집《속(續) 법해(法海)》에는 고승의 입적 일화가 여럿 있는데, 그중 한 일화가 생각난다. 백련암에 주석했던 성곡(性谷) 스님은 수행이 높았다. 스님이 섣달그믐날 상좌를 불러 "내가 오늘 열반에 들란다."라고 했다. 상좌가 대답했다. "스님, 대중들이 모두 음식 장만하고 목욕재계하며 내일 설을 쇠려 하는데, 오늘 열반에 드시면, 대중들이 그 노장이 방정맞게 하필 오늘 죽어서, 남 설도 못 쇠게 하고, 초하루부터 장사 지내게 한다고 욕할 겁니다. 이왕이면 내일 초하루 지내시고, 초사흘 불공 보시고, 초이레 칠성불공 드리고 가십시오." 스님이 "네 말도 그럴듯하구나, 그렇게 하지." 했다. 스님은 초하루, 초사흘, 초이레 불공 보고 열반에 들었다. 이 정도 되면 수행자라도 아무나 넘볼 수 없는 경지이다. 할머니의 법문은 흉내라도 내볼 수 있지 않을까. 결과는 알 수 없지만.

한 사람이 태어난다는 것은 꽃 한 송이가 피어나는 것과 같다는 말이 있다, 꽃이 빛과 향기로 세상을 물들이듯이, 사람도 자기만의 빛과 향기로 세상을 물들인다는 의미다. 할머니는 낮은 가지에서 피어난 한 송이 꽃이었다. 할머니만의 빛과 향기로 세상을 아름답게 물들였다. 죽음을 맞이하는 방식을 몸으로 보여주고 가셨다. 아! 할머니처럼 세상을 떠날 수 있으면 얼마나 좋을까.

슬픔은 양도할 수 없다

남편이 가고 혼자 남았을 때 지인들에게서 가끔 전화가 왔다. 어떻게 지내냐고. 보통은 '그냥 살지요.'라고 대답한다. 짧게 대화를 끝낸다. 말이 길어질 때가 있다. 이때가 피해야 할 함정이다. 마음속에 들어 있는 가지가지 사연들이 튀어나오기 때문이다. 내 말이 길어지면 상대방은 들어주는 입장이 돼버린다. 잘 참아주기도 하지만 그렇지 않은 경우도 있다. 내 말을 자르기도 한다. 그 순간 나는 상처를 받고 후회한다. 이미 함정에 빠졌는데 후회해도 소용이 없다. 이런 일이 반복되면서 생각하게 되었다.

어느 날 후배와 통화하다가 불쑥 '내가 요즘 혼자서 우아하게 잘 사는 법을 연구하고 있어.'라고 말해 버렸다. 연구하고 있었던 게 아니고 이제부터 해야겠다는 게 더 정확한 얘기다.

"우아하게요?" 후배는 '우아하게'라는 말에 방점을 찍었다. 뭐 우아하게씩이나 하는 어조였다.

"'우아하게'라는 것은 징징거리지 않겠다는 의미야." 나는 얼른 해명했다.

슬픔은 징징거림의 형태로 표현된다. 특히 평소에 부담 없이 대화를 주고받던 사이였으면 마음 놓고 징징거리게 된다. 한두 번은 그럴 수도 있다. 그게 인간적이기도 하다.

배우자와 사별한다는 것, 그 슬픔을 감당해야 한다는 것은 예삿일이 아니다. 미국의 명상 전문가 존 카밧진 박사는 그의 책에서 다른 연구자의 논문을 인용하여 우리가 일상에서 당면하는 가지가지 인생사들, 배우자와의 사별이나 이혼, 질병, 퇴직, 해고, 경제적 어려움 등등에서 스트레스를 느끼는 정도를 수치로 환산하여 순위 매김을 했다. 가벼운 법률 위반을 최저치인 11에 놓고, 사안에 따른 가중치를 적용해 배우자와의 사별을 최고치인 100에 놨다. 인생에서 가장 심각한 스트레스는 배우자의 죽음이라는 것이다. 부부 사이의 관계가 어떠했는가는 상관이 없다고 한다. 원수 같은 사이였더라도 죽음 앞에서 느끼는 스트레스의 질이 같지는 않지만 큰 차이는 없다고 한다.

배우자와의 이별을 최고치에 놓는 것에 대해 나는 동의하지 않는다. 배우자와의 이별보다 더 아픈 게 부모가 자식의 죽음을 보게 되는 일이라고 생각한다. 배우자는 땅에 묻지만, 자식은 가슴에 묻는다고 하지 않나. 동서양의 문화적인 차이가 아닐까.

아무튼, 배우자와 사별한다는 것은 인생의 중대사임은 틀림없다. 그런데 다시 한번 생각을 돌려보면 이 나이에 남편과 사별하는 일이 나만 겪는 일은 아니다. 내 슬픔을 확대해서 습관적으로 징징거림으로써 상대방에게 인내심을 강요하는 것이 잘하는 일일까, 하고 생각하게 된다. 같은 소리 두 번 하면 자식들도 좋아하지 않는데. 내가 인내심이란 말을 쓰는 것은, 내가 인내심을 발휘해야 하는 입장이 될 때도 있기 때문이다.

다른 이의 뼈저린 슬픔을 그 본인과 같은 농도로 슬퍼하기는 쉽지 않은 일이다. 들어주고 동감하고 위로한다. 그게 솔직한 나의 한계다. 내가 너무 냉정한 걸까. 나는 다른 사람도 보통은 그럴 거로 생각한다.

나의 슬픔은 시간이 걸리더라도 나 스스로 삭여서 내려놓아야지 남에게 징징거리면서 희석해 가야 할 것은 아니다. 어쩌면 이 시간은 내가 나를 지켜내야 하는 중요한 시간인지도 모른다. 그래서 나는 내 앞에 놓인 이 슬픔의 시간에 대해서 생각한다. 아무리 어떻게 해도 나는 이 상황을 되돌려 놓을 수는 없다. 상실과 비탄이 마음속에서 소용돌이쳐도 감내해야 한다. '즐거움이나 기쁨 같은 감정으로 슬픔을 극복하려고 한다면 거짓 감정으로 참된 감정을 덮어버리는 어리석은 짓이다… 슬픔이 지극해진 후에야 슬픔을 넘어설 수 있다'고 옛 선지식은 말한다(이덕무 《문장의 온도》). 그런데 끝없는 행복이 없듯이 끝없는 슬픔도 없다. 세상없는 슬픔이라도 시간의 무상성을 비켜 갈 수는 없다. 세월이 약이라고 하지 않나.

내가 만일 이 시간을 의연하게 버텨낼 수 있으면 그에 대한 정신적인 보상을 얻을 수 있을 것이다. 마음이 좀 더 의젓해지리라. '우아하게 지내는 방법', 다시 말해 징징거리지 않고 사는 방법에 비법은 없다. 마음을 다잡고 지금까지 해오던 것을 해 가면 된다. 아침에 눈을 뜨면서부터 잠들 때까지 내 생각을 현재에 잡아매어 놓는 노력을 한다. 과거로 돌아가는 후회, 미래로 달려가는 불안에 끌려가지 않도록. 현재에 집중해서 사는 방법이다. 다행히도 나는 내가 뭘 할 때 행복해지는지 알고 있다. 그 행복해지는 일을 하면 된다. 시간이 해결해 줄 거라고 믿는다.

노년의 독서

남편이 내과 다인실에 입원했을 때 우리 병실에 할아버지 한 분이 있었다. 병실 밖에 적혀 있는 인적 사항을 보니 94세다. 할아버지는 누워 있기만 하지 않았다. 부축받지 않고 걸었다. 호흡기 질환을 앓고 있는데, 겨울철에 몸이 힘들어지면 얼마간 입원해서 몸을 추스르고 퇴원하는 단골 환자였다. 할아버지는 병원에서 주는 식사를 남김없이 잘 먹고 간식은 우유만 먹었다. 문병을 오는 이들이 과일이라도 가져오면 그 방 식구들과 나누어 먹는 게 상례인데, 그럴 때 과일을 드리면 극구 사양했다. 할아버지에게는 문병 오는 이가 별로 없었다. 가끔 걸려 오는 전화만 받았다.

내가 이 할아버지에게 관심을 두게 된 것은 침대 옆 간이 수납장 위에 놓인 일본 문고본 때문이었다. 열 권 정도의 책이 놓여 있었는데 할아버지는 그중 한 권을 항상 읽고 있었다. 그 병동에는 복도 중간쯤에 휴게실이 있고 거기에 TV가 있다. 하루의 진료 일과를 끝내고 저녁 식사를 마치면 환자들이 휴게실로 모여들었다. 할아버지와 사정이 비슷한 노인 환자들이 많았다. 특히 할머니들이 많았다. 할머니들은 TV를 보면서 정치 얘기나 연예인에 대한 가십 등을 얘기하며 수다를 떠는데, 할아버지는 그 소음 속에서도 책을 읽었다.

할아버지가 읽는 일본 문고본들은 내가 평소에 부러워하던 책이다. 나의 은사인 박명성 시인(작고)은 외교관인 남편과 임지로 갈 때, 비행기 직행 노선이 없는 경우 도쿄를 경유하면서 이 문고본들을 사서 갔다. 특히 아프리카 같은 곳에서는 책을 사기 어려우니 아예 읽을거리를 준비해 간다. 20여 권쯤을 작은 상자에 차곡차곡 담으면 부피도 크지 않고 무게도 많이 나가지 않는다. 겨울 양식을 준비하듯이 그렇게 독서 양식을 준비했다.

궁금증을 참을 수 없어서, 어느 날 나는 할아버지에게 다가가 '뭐 좀 여쭤봐도 되겠냐?'고 양해를 구한 후 조심스럽게 물었다. 할아버지는 선선하게 말씀해 줬다. 일본은 번역 사업이 활발한 나라여서 서양에서 나오는 책들이 바로바로 번역되어 출판된다는 것, 서양 책이 출간되면 우리나라에서 번역되기를 기다리지 않아도 일본 책으로 세계의 동향을 그때그때 알 수 있다는 것, 병원에 들어오기 전에 교보문고 일어 서적 코너에 가서 할아버지가 직접 골라온다는 것, 책이 없을 땐 주문해 놓으면 택배로 보내준다고 했다. 지금 읽고 있는 책은 무라카미 하루키의 《노르웨이의 숲》(한국어 제목은 《상실의 시대》)이라고. 하루키? 나는 속으로 흠칫 놀랐다. 젊은 시절에 선생님을 하셨냐니, "선생은 뭐, 일본어 좀 가르쳤지." 했다.

가볍고 작아서(A6판, 105×148mm), 한 손에 잡히는 문고본은 할아버지의 병원 독서에 안성맞춤이다. 일본어 세대인 우리 집 거사도 가끔 문고본 몇 권씩을 사 들고 와서 편안한 자세로 읽고는 했는데, 일어 독해력이 짧은 나는 그 문고본이 항상 부러웠다. 우리나라도 일본처럼 문고본이 보급되면 얼마나 좋을까, 하는 생각을 자주 했다. 특히 노인들을 위해서.

일본의 문고본은 독서문화 정착을 위한 보급용 서적으로 출발했다. 단행본으로 출간된 책 중 호평을 받은 책을 몇 년 후에 문고본으로 재발매하는 경우가 있고, 고전이나 명작을

널리 보급하기 위해 출간하는 경우도 많다. 다양한 분야의 책이 출간되지만 문예서가 주를 이룬다. 소프트 커버로만 만들어 핸드백이나 양복 주머니에 넣고 다니기가 편하다. 가벼우면서 값이 싸다. 2021년 문고본의 평균 가격은 805엔(닛케이신문), 일반 단행본의 반값이다.

할아버지는 쓸데없는 수다에 끼어들지 않았다. 처신도 깔끔했다. 할아버지가 과일 한 개도 극구 사양하는 이유를 나중에 알았다. 할아버지에게는 문병객이 없다. 당신은 나눠줄 먹거리가 없으니, 남에게 받아먹기만 하는 게 부담스러운 거다. 할아버지를 관찰하면서 나는 '오랫동안 해온 독서의 내공이 노인에게 품위를 부여하는구나'라고 생각했다.

할아버지는 특별한 분이다. 보통 노인은 아니다. 내 동년배의 친구나 주위 분들에게 어쩌다 요새 무슨 책을 읽느냐고 물으면, 눈이 안 좋아서 책을 못 읽는다는 대답이 대부분이다. 물론 책을 읽는 친구들도 있고, 100세에 글을 쓰는 노인도 있지만, 보통의 노인들은 대개가 그렇다. 남편이 먼저 간 여성들은 신문 구독도 끊는다. 뉴스는 TV로 본다. 하긴 우리 사회는 중년이 되면 1년에 책 한 권 이상을 읽는다는 사람이 중년 인구의 절반을 밑도는데, 노인이 책을 안 읽는 건 이상한 일도 아니다.

우리 옛말에 '어릴 때 책을 읽으면 젊어서 유익하다. 젊어서 책을 읽으면 늙어서 쇠하지 않는다. 늙어서 책을 읽으면 죽어서 썩지 않는다.'는 말이 있다. '죽어서 썩지 않는다'는 말을, 노년의 독서가 '현실적으로 쓸모 있는 것은 아니지만, 쓸모없는 가운데에도 쓸모가 있다'는 역설적인 의미로 받아들여도 될 터이다. 쓸모를 생각하지 않으니, 마음을 비우고 읽는 것 자체를 즐길 수 있다. 이것이 독서의 참맛이 아닐까. 지루하게 흘러가는 노년의 날들을 죽을 날을 기다리는 데 쓰지 않고 독서로 채워 가면, 노인의 외로운 날이 풍요롭게 되며, 노인에게 품위를 부여한다. 그렇게 되면 적어도 젊은이에게 '꼰대' 소리는 안 듣게 된다. 책 한 권도 안 읽어 세상이 어떻게 다양화되는지도 모르고, 이분법에 갇혀 살면서 오로지 자기가 살아온 경험에만 의지하여 같은 소리 반복하는 게 '꼰대'라면 말이다.

우리 사회는 초고령사회로 진입하고 있다. 아이는 안 낳는데 노인은 오래 산다. 이대로 가면 젊은이 셋이 노인 한 사람을 부양하는 시대가 온다고 한다. 노인이 젊은이의 짐이 된다는 의미다. 게다가 우리 사회는 노인 빈곤율과 자살률도 높다. 젊은이들의 나이 차별, 노인 혐오가 문득문득 느껴지는 순간이 잦아지고 있다. 노인의 삶이 이렇게 보잘것없어져도 괜찮은 일일까. 어떻게 살아온 한평생인데!

사회가 노인의 존엄을 지켜주지 않는다면 노인이 자신의 존엄을 지켜야 한다. 혐오나 차별을 극복할 수 있는 것은 품위다. 2019년 아카데미에서 작품상을 받은 영화 〈그린 북〉. 흑인 천재 피아니스트 돈 셜리 박사가 1960년대 미국 남부의 지독한 인종 차별에 맞서서 보여준 그 품위, 그리고 할아버지가 보여준 그 품위다.

나의 삶 나의 불교

우리 역사 속의 불교 여성들

불교는 페미니즘이다

수행자의 부드러움이 세상을 바꾼다

종교와 여성

'열린논단' 이야기

내가 복전(福田)이 되다

나의 삶 나의 불교

첫 종교 생활

나의 종교 생활은 초등학교 저학년 때 교회에서 시작되었다. 어릴 때 나는 서울의 종로구와 서대문구를 잇는 사직터널이 생기면서 없어진 동네, 사직동의 끝자락에서 살았다. 교회는 사직공원 앞에 있었다. 동네 아이들을 따라간 것이 아니었나 싶다.

교회에서 배우는 것은 학교와 달랐는데, 재미있었다. 동요, 동시를 읽을 때였으니 3, 4학년쯤이었을 것이다. 선생님이 동시를 가르쳐 주면서 다음에 올 때는 하나씩 지어 오라고 했다. 집에 와서 동시를 짓는데 잘 안됐다. 이 책 저 책을 뒤지다가 아주 멋진 동시를 발견했다. 거침없이 그 동시를 베꼈다. 지어 온 동시를 발표하는 날 선생님이 한 사람씩 이름을 부르면 친구들이 나가서 자기가 지은 동시를 읽었다. 선생님은 끝까지 내 이름을 부르지 않았다. 그리고 마지막으로 말씀했다. 다른 사람이 지은 동시를 베껴서 낸 어린이가 있는데, 그러면 안 되는 거라고. 선생님은 그 어린이가 누구인지는 말씀하지 않았다. 아, 그때의 부끄러움이라니! 얼굴이 화끈거렸다. 그 와중에 내 이름을 밝히지 않아서 친구들이 모른 것이 다행이었지만, 그렇다고 부끄러움이 적어지는 것은 아니었다. 그 일에 대해 선생님은 개인적으로도 아무 말씀을 안 했다.

그 교회에서 재미있었던 일들은 다 잊었는데, 동시 표절 사건은 뚜렷하게 기억하고 있다. 내 종교 생활에서 얻은 첫 번째 교훈이다.

중·고등학교 시절에는 한경직 목사님의 설교를 들으러 영락교회에 다녔다. 대학 시절에는 강원용 목사님 설교를 들으러 경동교회에 다녔다. 그 시절 나름대로의 정신적인 충만감이 있었다. 학교를 졸업하고 직장 생활을 시작하면서 교회에 가는 일이 시들해졌다. 같이 다니던 친구 중에는 평생 크리스천이 된 친구도 있다. 그러나 교회와의 인연은 거기까지였다.

법정 스님

30대 초반, 나는 한국일보에서 기자 생활을 했다. 세 살 터울의 어린 남매가 자는 모습을 보고 있으면 마음이 짠해지곤 했다. 얘들이 이 풍진세상을 어찌 살아갈 거나, 하는 마음이었다. 이웃에 사는 여고 선배인 정연희 소설가에게 내 심정을 털어놓았다. 선배는 마음을 긍정적으로 가져야지 아이들을 불쌍하게 생각하면 아이들이 그렇게 되는 거라고 했다. '그런 말'이 어디에 있느냐고 하니, 여기 있다고 소책자를 줬다. 불교 입문서였다. 읽어 보니 '그런 말'은 없었으나 '불교'라는 말이 내 속으로 훅 들어왔다.

초여름이었다. 선배네 아파트에 놀러 갔는데, 선배가 회색 무명천으로 옷을 만들고 있었다. 여름 3개월, 절에 가서 머물 건데 그때 입을 법복이라고 했다. 처음 듣는 얘기였다. 그 절은 어디에 있느냐고 물었다. 뚝섬에서 배를 타고 강 건너 봉은사를 찾으라고 했다. 신문사 K 선배와 점심 후 잡담을 하다가 봉은사에 정연희 작가가 가 있는데 만나보지 않겠냐고 제안했더니 선뜻 가자고 했다. 그때 정연희 작가의 인기가 높았다.

가르쳐준 대로 찾아갔다. 절 문에 들어서면서 바로 정연희 선배를 만났다. 그동안 와 본다는 이는 여럿 있었는데 정말 온 사람은 내가 처음이라며 반가워했다. 자그마한 건물로 우리를 데려갔다. 거기 스님 한 분이 계셨다. 풀 먹여 빳빳하게 다린 여름 베옷같이 칼칼한 느낌을 주는 분이셨다. 그런데 방 안쪽에서 클래식 음악이 흘러나왔다. 강남이 개발되기 전이었다. 툇마루에 앉으니, 지금의 삼성역 네거리에서 남쪽으로 올라가는 언덕이 보였다. 무심히 "저기는 황톳길이네요." 하고 중얼거리니까, 스님이 "조금 있으면 황야의 포장마차가 넘어올 거예요." 하셨다. 다 같이 웃었다. 스님이 잠깐 자리를 뜨더니, 밥상 하나가 뒤따라왔다. 5시경인데, 이 시간에 웬 밥? 절에서는 이 시간에 저녁밥을 먹는다고 했다. 처음 먹어본 절밥이었다. 다래헌(茶來軒)에 계신 법정 스님을 그렇게 만났다.

불교라는 말을 정 선배에게서 처음 들은 건 아니다. 대학 때 원의범, 이기영 두 선생님의 불교 강의를 들었다. 멀고 어렵기만 한 내용이었다. 그 분위기라면 어쩐지 스님은 근엄해야 할 것 같은데, 클래식 음악을 들으며 유머 감각이 있는 스님이라니! 막연하게 갖고 있던 스님에 대한 인식이 바뀌었다. 이론 불교 아닌 살아 있는 불교를 만난 순간이었다.

스님은 불교라는 말을 잘 안 썼다. 다만 어떻게 살아야 하는지를 말씀했다. 스님을 만나면서 가랑비에 옷 젖듯이 불교가 서서히 내 속으로 젖어 들어왔다.

유신독재와 언론자유가 첨예하게 충돌하고 있던 시기였다. 나는 스님을 만난 지 얼마 안 돼서 한국일보 노조 설립의 주동자가 되어 회사에서 해고되었다. 서울시는 노조 설립을 불허했다. 부당해고를 입증하기 위한 민사소송과 서울시를 상대로 한 행정소송이 시작되었다. 나는 법정에서 요샛말로 '쓰레기' 기자가 되어 있었다. 이건 싸움이니까 이겨야 한다, 나를 객관화하는 데 집중했다. 7년여의 법정 다툼을 어떻게 견뎌냈을까? 가족이 나의 지지자였지만, 또 하나의 응원군은 법정 스님이었다.

법정 스님은 그때 불교계의 대표적 반체제 인사였다. 스님의 영향으로 노동조합에 관계한 것은 아니나, 그 무렵 큰 틀에서 스님과 나는 같은 편이었다. 사회운동이라는 게 얼마나 외로운 싸움인지 알아 가면서, 마음이 힘들어질 때 스님께 가면 힘을 돋워 주었다. 언제나 내 편이 되어 주었다. 그 응원으로 당당하게 버텼다. 스님은 내가 나중에 불교 공부를 시작했을 때도 응원해 주었다. 석사과정과 박사과정에서 각각 한 번씩 등록금을 내주기도 했다.

스님은 불교에 대해 바른 인식을 가진 수행자였지만, 문화적인 안목도 특별한 분이었다. 소소한 것에서 아름다움을 찾아내고 음악을 알아듣는 절대 미감, 독서력, 맛깔스러운 글, 어느 하나 모자람이 없었다. 그리고 직필(直筆). 성철 스님의 삼천 배를 비판했지만, 내가 만난 성철 스님은 법정 스님을 '직필'이라고 인정했다. 불교의 안내자로서 스님을 만난 것은 내 인생의 행운이었다. 30대의 감수성으로 안목에 대해 배울 수 있었던 것도 그에 못지않은 행운이었다.

스님이 돌아가실 무렵, 삼성병원으로 찾아갔다. 눈을 감고 계신 스님께 내가 왔다는 말을 못 했다. 마음으로만 인사하고 물러났다. 며칠 후 입적했다는 소식을 듣고 우리 집 거사와 길상사에 가서, 스님의 육신에 마지막 인사를 했다. 다비장에도 갔다. 가사 한 장 덮고 장작더미 위에 누우신 스님, 스님의 삶 그대로 보여주었다. 스님의 육신이 불꽃 속에서 연꽃으로 피어났다. 뒷날 나는 내 학위논문을 단행본으로 출판했을 때 그 책을 들고 가서 스님의 영전에 올리고 길상사 도서관에 기증했다. 살아 계실 때 냈더라면 얼마나 좋았을까.

바람에 스치는 산죽(山竹) 소리를 들으며 다실에서 차담을 나눴던 그 유장한 시간들, 돌아갈 수 없는 그리운 시간이다.

우리 사회에 맑은 자취를 남기고 가신 스님은 나에게도 지남(指南)이었다.

기도의 시작

1980년 신군부는 언론 통폐합을 시행했다. 우리 집 거사(정인섭, 당시 동양방송 라디오제작본부장)가 다니던 방송사는 TBC의 깃발을 내리고 KBS에 합쳐졌다. 일반 사원들은 KBS로 가고, 임원이었던 우리 집 거사는 중앙일보 쪽으로 옮긴다고 했다. 안정된 생활을 해왔던 우리 가정이 예측할 수 없는 변화의 바람 앞에 서게 되었다.

아는 스님에게 거사의 신변에 변화가 왔는데, 불안한 마음이 든다고 했다. 스님이 "기도를 해 보시죠." 했다. "기도요?" '내게 어려운 일이 닥쳤다고 그걸 부처님께 빌어야 하나?' 하는 생각이 올라왔다. 뭐랄까, 자존심이 상하는 것 같기도 하고 염치없다는 생각도 들고, 마음이 복잡해졌다. 스님은 내 마음속에서 벌어지고 있는 건방진 생각들을 알아채고 이렇게 말했다.

"보살님, 기도해서 손톱만큼이라도 좋아진다면 기도하는 겁니다."

다음 날 아침 우리 집 서가를 훑어보다가 별생각 없이 소책자 한 권을 빼서 읽기 시작했다. 《대망을 품어라》. 오늘의 거창고교를 만든 전영창 교장의 훈화집이었다. 전 선생님(내 대학 동기의 아버지이시다.)이 1956년 미국에서 신학 공부를 마치고 귀국했을 때 대전대학에서 부학장으로 오라고 했다. 그러나 농촌 청년 교육을 통해 기독교의 복음을 전도하겠다는 사명감으로 폐교 직전의 거창고등학교를 맡았다. 취임해보니 교사는 70년 된 주택과 엉성한 바라크 건물이 전부였고, 교장실이란 게 선교사들이 화장실 겸 목욕탕으로 쓰던 방이었다. 교장 취임식에 학생 8명이 참석했다. 더 난감한 일은 재정난이었다. 교사들에게 월급 줄 돈도 부족했는데 전임 교장이 남겨 놓은 빚이 적지 않았다. 미국의 후원자들에게서 돈이 와야 해결이 되는데, 돈이 오지 않았다. 교장실 문을 잠그고 하나님께 철야기도를 했다. 그래도 돈은 안 왔다. 하나님과의 담판을 작심하고 거창에서 40리 되는 웅양에 있는 굴에 들어가서 일주일간 금식기도를 했다. 하나님께 따졌다. '내가 여기 돈 벌러 왔소? 명예를 위해 왔소? 당신의 부름을 받고 복음을 전하러 왔는데, 왜 학교 운영할 돈을 안 보내주는 거요? 하나님이 있기는 한 거요?' 고향에 있는 13마지기 논을 팔아서, 하나님은 없으니 속지 말라는 광고를 〈동아일보〉에 내겠다는 생각까지 했다. '이렇게 훌륭

한 분도 어려운 일이 있을 때 자기가 믿는 신에게 기도를 하는데…' 나의 건방진 마음이 부끄러워졌다. 나의 기도가 시작되었다.

나는 인연이 닿는 대로 기도했다. 분별하지 않았다. 산신기도도 했다. 한 가지 소원은 들어준다는 팔공산 갓바위에도 갔다. 한 가지 소원은 들어준다는데 안 갈 수 있나? 먼 길을 걸어 올라가며 그게 무슨 말인지 알았다. 아들이 삼수 끝에 대학에 들어갔을 때, 엄마가 (시쳇말로) 혀 빠지게 기도해도 본인이 발심하지 않으면 안 된다는 것을 깨달았다.

그때 세 살 터울인 딸이 고3이 되었다. 한 달쯤 후 딸이 말했다. "엄마, 내 짝은 대학에 꼭 붙어야 한대. 걔네 엄마가 교회에 새벽기도를 다니는데, 그래서 자기는 꼭 붙어야 한대." "그래?" "그런데 엄마는 내 기도는 왜 안 해 주는 거야?" 오마이 부처님! "알았어, 내일부터 할게." 내 기도는 다시 시작되었다. 진정한 기도는 기복이 아니고, 남을 위한 기도는 나를 변화시킨다는 것을 알게 되었다.

구산 스님

법정 스님이 송광사로 내려갔다. 스님은 송광사 산내에 불일암(佛日庵)을 새로 지었다. 불일암이 다 지어졌을 무렵 친구와 같이 내려갔다. 큰 절에 묵으면서 불일암에 올라가 청소를 했다. 집 지으면서 생긴 먼지를 걸레로 닦아냈다. 청소가 다 될 즈음에 구산 스님이 올라왔다. 완공된 암자를 보러 온 것이다. 청소하는 우리를 기특하다고 칭찬했다. 한 달쯤 지났을까, 구산 스님이 서울 사간동의 법련사에 오셨다고 해서 친구와 같이 인사하러 갔다. 법정 스님도 함께 있었다. 구산 스님은 우리가 청소했던 일을 또 칭찬했다. 법련사 주지 현호 스님에게 지필묵을 내오라고 했다. 우리에게 무엇인가 친필을 써 주려는 것이었다. 그런데 현호 스님은 무슨 사정이 있었는지, 글씨 쓰는 판이 벌어지는 걸 마땅치 않아 했다. 지필묵은 내오지 않고 구산 스님에게 다음에 하시라고 말렸다. 살짝 민망스러워졌다. 그때 구산 스님이 아무렇지도 않게 한마디 했다. "너는 너 할 일 해라, 내 일은 내가 할게." 스님의 음성과 표정은 여전히 편안하였다. 상황이 자연스럽게 정리되었다. 수행의 힘이란 저런 거구나! 나는 그날의 장면을 구산 스님의 상당법문(上堂法門)으로 간직하고 있다.

우리가 먹을 갈았다. '불(佛)' 자를 써 주면서 '선근 공덕으로 내생(來生)에 좋은 도량에서 공부하게 될 것'이라고 덕담도 해 주었다. 옆에 계시던 법정 스님이 한마디 덧붙였다.

'내생이라는 게 반드시 몸 바꾸는 때를 말하는 것만이 아니고, 금생일 수도 있다'고.

불교여성학

박정희 정권 유신 치하에서 11년의 기자 생활이 끝났다. 나를 오라는 신문사는 없었다. 나는 전업주부가 되었다. 인사동에서 골동품 가게를 하던 P 여사가 어느 날 내게 학교에 들어가 불교학 공부를 해 보라고 권했다. 나는 하지 않겠다고 했다. 그 어려운 공부를 왜 하느냐고, 절에나 슬슬 다니겠다고 했다. P 여사와 헤어져 오면서 문득 그런 생각이 들었다. '나를 안 지 10여 년이 넘는 이가 하는 권고를 그냥 무시해 버리는 건 아니지 않나?' 다음 날 봉은사에 가서 선혜 스님과 의논했다. "보살님의 10년 후를 생각해 보십시오. 공부한 보살님과 안 한 보살님이 같겠습니까?" 스님의 이 한마디가 나를 학교로 밀어 넣었다.

40대 초에 동국대 불교학과 석사과정에 들어가서 공부를 시작했다. 학부의 기초가 없어서 공부는 어려웠지만, 재미있었다. 석사논문은 지도교수이신 김영태 선생님의 권유로 〈《승만경》의 사상과 그 신라적 수용에 대한 연구〉를 썼다. 《승만경》은 승만 왕비가 부처님 앞에서 대승 보살의 윤리와

서원을 설파하는 경전이다. 이 경전은 신라 진흥왕 37년에 안홍 법사가 수나라에서 들여왔다. 신라의 세 여왕 중 진덕여왕의 이름이 승만(勝曼), 선덕여왕은 덕만(德曼), 진성여왕은 만(曼)이다. 여왕들을 승만 왕비와 동등한 지위에 놓으려는 국가적 목적이 있었다. 교학적으로는 원효의《승만경소》가 있었다는 기록이 있다.

1994년 〈인도불교의 여성성불 사상에 대한 연구〉로 박사학위를 받았다. 30대 초반부터 절에 다니면서 여성 불자에 대한 편견을 많이 목격했다. 내 속에 잠재해 있는 여성은 사회적 약자라는 의식이 불편한 모습들과 충돌했으나, 구업(口業) 짓지 말라는 명분이 나를 누르곤 했다. 부처님은 여성을 어떻게 생각하셨을까 내가 직접 알아보자고 발심했다. 불교 여성관의 변천과 왜곡의 역사를 정리했다. 이 논문은 나중에 지인의 권고로 2015년에 책으로 냈다. 제목은《불교의 여성성불 사상》. 이 책은 의외의 호평을 받아 2016년 대한불교진흥원에서 주는 원효학술상(비전임교수 부문)을 받았고, 다음 해에 청호불교문화원에서 주는 청호불교복지상(저술상)을 받았다. 우리 집 거사가 그랬다. 당대의 싸움꾼이 보살이 되었다고.

성철 스님

불자가 아닌 친구 둘이 해인사에 가 보고 싶다 하여 내가 앞장을 섰다. 해인사에 내가 아는 원정 스님이 있었다. 스님에게 부탁하면 한 이틀 절에서 지낼 수 있겠지, 하는 요량이었다. 하룻밤 자고 나니 원정 스님이 "저 위에 계신 우리 노장님 뵐래요?" 하는 것이었다. 저 위가 어딘지, 노장님이 누구신지 묻지 않았다. 원정 스님은 우리가 만나러 가는 노장님은 당신의 은사이며 삼천 배를 해야 만날 수 있는 분이라고 했다. 그때까지 나는 성철 스님에 대해 아는 게 하나도 없었다.

백련암이었다. 직사각형의 큰 방 저쪽 끝에 스님이 앉아 있고 우리는 반대편 끝에 있는 문으로 들어가 스님께 삼배했다. 절을 마치고 앉아서 스님을 바라보니 그 안광이 번쩍였다. '엉, 이 스님은?' 원정 스님이 나를 법정 스님 신도라고 소개했다. 대뜸 "절에는 왜 오노?" 하고 물으셨다. "절하러 오지요." "니는 좀 아는구나." 여기까지는 좋았다. "절 몇 번 하노?" "세 번 합니다." "와, 세 번 하노? 한 번이면 되제?"(이건 무슨 말씀이지?) 벽력같은 스님의 말씀에 말문이 꽉 막히고 얼굴이 화끈했다. 아무 대답도 할 수가 없었다. 그렇게 성철 스님을 친견했다.

그날 스님이 그러셨다. "중 보고 절에 다니지 말라."고. 물러나는데 "내 만날래문 삼천 배 해야 하는데, 니는 옆문으로 들어왔데이." 하고 짚으셨다. "외상은 갚겠습니다." 백련암 댓돌을 내려오면서 나는 스님께 깊이 감사했다. 겉으로는 말대답 한번 못한 것밖에 없는데, 내 속에서 뭔가가 깨졌다. 절에 다닌답시고 그럭저럭 왔다 갔다 하다가 세월 다 보내고 나면 어쩔 뻔했나 하는 각성이 생겼다. 내 나이 서른여섯 때였다.

동행한 친구가 미국에서 책을 쉽게 살 수 있는 처지여서 스님이 책을 부탁하셨다. 지금이야 외서(外書) 주문하는 게 일도 아니지만 그때는 3개월 걸렸다. 책을 가지고 원정 스님과 같이 백련암에 올라갔다. "스님이 마중 나와 계시네요." 올려다보니 백련암 문 앞에 스님이 서 계셨다. 어렵게 구한 책인데 우편으로 부치면 혹시라도 잘못될까 봐 가지고 왔다고 말씀드리니, "그래야 핑계 삼아 또 오제." 하셨다. "니가 먼 곳에서 낼 위해 책을 가져왔는데, 내가 니를 위해 해줄 게 뭐가 있겠노? 법문이나 해 주제." 책을 한 권 내주면서 그 서문을 읽으라고 했다. 광덕 스님이 번역한 《화엄경》 〈보현행원품〉에 성철 스님이 얹은 서문이었다. 나는 스님 앞에 무릎을 꿇고 앉아 소리 내어 읽었다.

"…자기는 아주 잊어버리고 오직 일체중생을 위하여서만 산다. 영원에서 영원이 다하도록. 법성(法性)이 무진(無盡)하므로 법계(法界)가 무한하며 법계가 무한하므로 시분(時分)이 무량하다. 시분이 무량하므로 중생이 무변하며 중생이 무변하므로 자비가 무궁하다…"

"알았제?" "예, 알겠습니다." 내 인생에서 잊을 수 없는 아름다운 시간이었다.

그 후 친정어머니 49재를 백련암에서 지냈다. 원통전에서 밤새워 절을 하고 다음 날 사시에 재를 올렸다. 재 올린 후에 큰 방에서 스님을 뵈었다.

"우짤까? 화두하고 불명하고 둘 중에 하나만 주어야 하는 긴데." "스님, 바쁜데 언제 또 오겠습니까? 둘 다 주십시오" "그랄까?"

불명을 주면서 스님이 그러셨다. "니 불교 공부 한다메? 공부 끝내고 포교사 해라." 옆에 계신 원정 스님이 "자격을 주어야 포교사를 하지요" 했다. "내가 주지."

내가 받은 불명은 일화선(一化船)이다. 마당에서 만난 원택 스님이 불명은 어떻게 받았냐고 물었다. "보살님, 노 저으려면 팔 많이 아프시겠네요."

1993년 스님이 입적했을 때 우리 집 거사와 함께 해인사에 갔다. 퇴설당에 들어가 스님의 육신에 마지막 인사를 드리고 다비장에 가서 연화대에 불이 들어갈 때 가르침대로 살겠다고 말씀드렸다. 성철 스님은 평소에 말씀했다. "내가 무에 잘났다고 내 만날래문 삼천 배 하라고 하겠나? 다 지들 수행하라고 그라는 거지." 스님은 늘 '자기를 바로 보라'고, '남을 위해 기도하라'고 가르쳤다.

외람된 말이지만, 나는 스님이 내 친아버지 같았다. 무슨 말을 해도 다 긍정해 주실 것 같았다. 등 뒤로 가서 어깨를 주물러드리고 싶었다.

삼천 배

성철 스님을 친견하면서 삼천 배 외상을 갚겠다고 말씀드린 지 몇 달 지났다. 그게 자꾸 마음에 걸렸다. 부산에 갈 일이 생겼다. 일을 끝내고 오는 길에 언양 석남사에 가서 절을 해야겠다고 생각했다. 석남사는 비구니 스님들이 사는 도량이다. 법정 스님께 의논 드리니, 스님이 아는 명조 스님이 그 절에 산다고, 편지 한 장을 써 주었다. 나의 여고 후배이기도 하니, 편리를 봐줄 거라고 했다. 초파일 일주일쯤 전이었다. 명조 스님은 여고 선배라고 반가워하면서도 초파일이라 일이 많아 같이 있어 주지 못한다고 연신 미안해했다.

저녁예불 끝내고 8시부터 절을 시작했다. 밤이 되니 산 전체가 적막 속으로 들어갔다. 지나가는 바람에 나뭇잎 하나만 흔들려도 인기척같이 느껴졌다. 처음 간 산속의 절, 큰 법당의 흐릿한 불빛 아래서 이 밤에 혼자서 삼천 배를 해내야 한다. 여러 가지 생각이 올라왔다. 다리가 아파지기 시작했지만 견딜 만했다. 자정이 가까운 시간에 명조 스님이 과일과 물을 가지고 나를 격려하러 왔다. 무섭지 않으냐고 물었다. 나는 무섬을 타는 편인데 그날은 무섭지 않았다. 옆에서 지켜주고 싶은데 몸이 너무 피곤해서 못 하겠다고 미안해했다. 그 마음이 고마웠다. 왔다 간 지 두 시간쯤 지났을 때 명조 스님이 한 번 더 왔다. 낮에 코피가 터질 정도로 일하는데 나 때문에 잠을 편히 못 주무시는구나, 이번에는 내가 미안했다.

시간이 지나면서 허리가 끊어지게 아파지기 시작했다. 아, 이 절 끝내고 나면 내 허리는 고장 나겠구나! 허리 고장이 나기 전에 그만둬야 할까? 그런데, 여기서 포기하면 해내지 못했다는 좌절감이 올 텐데 그건 어쩌지? 허리 병신이냐, 좌절감이냐? 성철 스님께 삼천 배 외상은 갚겠다고 했고, 불교 믿겠다고 들어왔는데, 남들이 다 하는 삼천 배 하나 마치지 못하고 물러선다면 말이 되나? 차라리 허리 병신이 되는 게 낫겠다!

마지막 백팔 배는 한 배 한 배가 말 그대로 지옥이었다. 절하는 바른 자세도 사라졌다. 그냥 땅에 엎어졌다가 기어 일어났다고 할까? 기어서 일어나더라도 숫자는 채워야 한다. 이 세상 천지간에 이 순간 이 일을 해결해 줄 사람은 아무도 없다. 나는 어쩌다가 여기서 이 고생을 하게 되었지? 분한 생각이 뱃속에서 쑥 올라왔다. 그렇다. 내가 그 노장님 말씀에 걸려 넘어진 거구나. 그래서 이 고생을 사서 하고 있구나! 지옥 같은 한 배 한 배도 끝이 있다. 새벽 6시 반에 절이 끝났다. 환희심에 벅차질 줄 알았는데, 그냥 울음이 터졌다. 마법처럼 허리 아픈 것이 싹 없어졌고 분한 마음도 사라졌다. 얼마 후 성철 스님을 뵈었다. "니, 석남사 와서 절했다메." "예." 더 이상 아무것도 묻지 않으셨다.

그 후 어려운 일, 중요한 일이 있을 때 일단 삼천 배를 하는 것은 우리 가정의 매뉴얼이 되었다. 아들이 대학입시 삼수할 때와 취업할 때, 딸이 미국 유학 갈 때, 거사가 불교방송에서 일할 때 다들 삼천 배를 했다. 그 후에도 나는 이 절, 저 절 다니면서 했다.

용화선원과 송담 스님

인천의 용화선원에는 만년 위패가 있다.

매년 음력 3월 16일에 만년 위패에 모셔진 영가들을 위해 법보재를 지낸다. 창건주인 전강 스님이 물 맑고 경치 좋은 산천경개를 제쳐놓고, 먼지와 소음의 주안공단 가운데 선원을 세우면서 수행승을 외호하는 방편으로 만드신 제도라 한다. 1984년, 시댁과 친정 양가 부모님들의 위패를 올린 인연으로 용화선원은 우리 가정의 원찰이 되었다. 그 후에도 양가의 조상님들, 형제 중에 인연이 닿는 이들을 올려서 여러 분이 거기에 계신다. 집안에 대소사가 생기면 우선 용화선원에 가서 부처님과 조상님들께 신고한다. 조상 영가들이 우주 법계를 떠돌지 않고 절에 안착해서 법회 때마다 스님의 법문을 듣는다고 생각하니 안심이다.

용화선원에는 송담 스님이 계신다.

나는 40년 가깝게 송담 스님의 법문을 들었다. 10여 년 전까지만 해도 스승인 전강 스님의 녹음 법문을 먼저 듣게 한 후, 송담 스님이 법문했다. 스승에 대한 그 절절한 일향심(一向心)은 항상 감동적이다. 스님의 법문은 한결같다. 게송도 드는 예도 다르지만, 결론은 활구참선법이다. 생각이 일어나는 찰나에, 생각에 끄달려가지 말고 '이뭣고?'를 챙기라는 말씀이다. 작년 법보재 때도 "백 살이 가까운 늙은 몸으로 여러분에게 간곡하게 당부하니, 무슨 일을 하면서 살더라도 '이뭣고?'를 꼭 챙기시라."고 했다. 나는 참선 행자는 안 되었지만, 스님의 법문을 들을 때는 자세를 바르게 고친다. 더구나 그날은 스님이 '죽을 날이 머지않은'이란 표현을 써서 속으로 울었다.

용화선원에는 신수(身數)기도가 있다.

음력 정월 초 3일부터 9일까지 7일간 사분 정근의 관음기도다. 지난 한 해의 잘못을 참회하고 새해의 안녕을 발원하는 기도다. 이 기도도 전강 스님이 정한 법이다. '선원에서 웬 관음기도냐?'라고 할 이도 있겠지만, 속세 가운데 선원을 세운 전강 스님의 깊은 뜻이 있었다고 믿는다. 송담 스님이 신수기도 때마다 강조하는 법문이 있다. '나는 옳고 너는 그르다는 그 심보를 고쳐라. 좋은 일 열 개 하려 애쓰지 말고 남의 오장육부 찌르는 말 한 마디 조심하라'는 말씀이다. 항상 명심하고 있다. 나는 사십 대부터 신수기도로 한 해를 시작하곤 했는데, 그 기도 덕분에 아직까지 무탈하게 살아온 게 아닌가 한다.

우리 집 거사가 은퇴한 후 십수 년간 용화선원의 시민선방에서 참선 수행을 하다 6년 전에 세상을 떠났다. 거사는

1990년 불교방송(BBS)이 개국할 때 전무로 참여하여 수년간 불교방송에서 일하면서 불자가 되었다. 시민선방에 다니기 시작하면서 우리 부부는 송담 스님에게 대승십선계를 받았다. 거사는 송담 스님으로부터 대덕(大德)이라는 법명을 받았다. 거사의 사십구재 날 시민선방의 도반들이 와 주셨다. 거사는 가족과 친구와 도반의 환송을 받으면서 세상과 하직했다.

나의 불교 수행

법정 스님이 봉은사 다래헌(茶來軒)에 있을 때, 그 회상(會上)에서 만난 보살님이 있다. 30대 초에 남편과 사별한 후 1남 4녀를 키우셔서 시집과 장가 보내고, 아들 내외와 손자들과 살고 있었다. 어느 날, 보살님이 문득 말씀했다. 늙어서 사는 게 힘들고 지루하다고. 그러면서 그간 살아온 속내를 털어놓았다. 굽이굽이 어려웠던 고비를 넘기고 이만큼 살아올 수 있었던 것은 불법(佛法)을 만난 덕분이라고. 나는 성품대로 조용조용히 해 온 그분의 신행 생활을 알기에 보살님다운 결론이라고 생각했다.

20대에 비슷한 환경에서 출발했으나, 자신은 남편과 사별한 후 처지가 달라져서, 늘 부러웠던 친구에 대한 생각도 지금은 달라졌다고 했다. 남부럽지 않게 살아온 친구가 늙음과 변화를 받아들이지 못하고, 아직도 자식들과 다투면서 마음의 지옥을 넘나드는 모습을 보고 있노라면, 잘 살았다는 게 무엇인가 하고 생각하게 된다는 것이다. 도업 성취까지는 못 했더라도 분수에 맞는 수행을 꾸준히 해 온 결과로 번뇌가 적어지고, 가게 되는 날에 마음을 추스를 수 있는 정도가 되면 괜찮은 것이 아닐까. 나는 병중에 가더라도 행복한 마음으로 죽어야 극락에도 갈 수 있다고 믿는다. 행복한 마음이란 어떤 마음일까?

고마운 것이 많은 마음,
천지 만물과 화해하는 마음,
가족이나 세상살이에 너무 집착하지 않고 떠나는 마음,
아무 예외 없이 누구라도 무엇이든지 용서하는 마음,
잘못한 일이 있어도 이미 참회하고 참회하여 죄의 그늘이 없는 마음,
가까운 사람에게서 받은 상처도 씻어버린 마음,
아무것도 이루지 못하고 가는 못난 자기 자신도 봐주는 마음,
좋은 일을 많이 했고 업적이 산처럼 높더라도

'했다'는 생각을 다 놓아 버린 텅 빈 허공 같은 마음이다.

이런 마음을 갖도록 노력하는 것이 불교 수행의 궁극이라고 생각한다.

법문 노트

10여 년간 신문 기자를 한 데서 오는 직업병인지도 모르겠다. 책을 보든지 법문을 듣든지 할 때 밑줄 치고 싶은 대목을 적는 버릇이 있다. 공책에 손 글씨로 적는다. 그렇게 모인 법문 노트가 여러 권 있다. 이 글을 마감하면서 훑어보았다.

불교의 수행법에는 각각의 차이가 있다. 나는 그 차이를 차별화하여 가치 매김을 하고 싶지 않다. 어떤 수행을 하든 믿는 만큼, 자신을 속이지 않고 정직하게 하는 만큼만 수행의 성과를 건진다고 생각한다. 이상한 신념인지 모르겠지만, 처음부터 그런 건 아닌데 수행이라는 걸 부둥켜안고 이리저리 구르다가 얻은 결론이다.

그래서 '만선동귀(萬善同歸)'라는 말을 좋아한다. 북송 초 영명연수(永明延壽) 선사는 당시 선교(禪敎) 양가의 자기주장만 내세우는 고질적인 폐단을 지적하고 바른 수행으로 인도

하기 위해 《만선동귀집(萬善同歸集)》을 지었다. 크고 작은 모든 선행이 깨달음으로 귀결된다는 것이 이 책의 요지이다(回萬善 向菩提). 만선동귀라니, 얼마나 넉넉한가! 내 그릇만큼 있는 그대로 긍정하고, 내 성향대로 노력해 가면 깨달음에 이를 수 있다는데. 쓸데없는 허위의식으로 헤매지 않고.

또 하나의 노트는 남회근(南懷瑾) 선생의 《불교수행법 강의》(신원봉 번역, 씨앗을 뿌리는 사람)이다. 7백여 페이지의 이 책을 읽으면서 불교의 경(經) 논(論)을 회통하여 수행법을 짚어내는 그 박학함에 기가 질렸다. 열등감에 시달리면서 읽었다. 뭔가 미진했다. 쓰는 사람도 있는데 읽지도 못하랴, 하는 오기에서 다시 읽기 시작했다. 먼저 읽을 때는 지나쳤던 '진정한 수행은 순간순간의 간절한 자기반성이다'라는 대목에서 책을 덮었다. '생각이 일어나는 것을 두려워하지 말고, 알아차림이 늦는 것을 두려워하라.'는 말씀이다. '이것이면 됐다'는 생각이었다.

남회근 선생이 스승인 노스님을 찾아뵈었다. 스승은 제자가 도착하자 바로 화로에 불을 붙이더니 차를 끓였다. 제자가 말렸다. "사부님 그러지 마십시오. 차까지 끓일 필요는 없습니다." "자네 모르는구먼. 그대는 손님이고 나는 주인이야. 온갖 행(行)에 있어서는 어느 법 하나도 버리지 않네. 당연히 자네에게 차를 끓여줘야지." 내가 오랫동안 명심하고 있는 법문이다.

돌이켜 보니, 고비마다 내가 만난 선지식들이 머뭇거리는 내 등을 떠밀어 앞으로 나가게 했다. 부처님법을 만나 그 안에서 마음의 근육을 키우는 법을 배웠다. 그 힘으로 이 풍진한 세상을 살아냈다. 부처님과 선지식들께 깊은 감사의 인사를 드린다.

《불교평론》 2020년 가을호

우리 역사 속의 불교 여성들

불교는 고구려 소수림왕 2년 서기 372년에 우리나라에 들어왔다. 이어서 백제, 신라에 불교가 전래하였고 고려, 조선을 거쳐 오늘에 이르러 1천6백여 년의 역사가 있다. 19세기에 개신교가 들어오기 전까지 불교는 우리나라 여성들에게 가장 보편적인 종교였다. 삼국, 통일신라, 고려 시대에는 불교가 국가의 호응을 받아서 여성들은 마음 놓고 불교 신앙을 가졌다. 국가가 불교를 배척하던 조선 시대에도 여성들은 불교를 놓지 않았다. 불교의 명맥을 유지하는 역할을 했다. 시대마다 불교의 성격이 다른 것처럼 불교 내에서 여성들의 지위나 역할, 신앙 형태도 달랐다. 그 가운데 일관된 흐름을 보인 것은 불교를 통해 여성들이 정신력을 키워 왔다는 사실이다.

삼국시대

삼국시대 불교에서 여성의 지위가 높았다. 신라에서 불교를 공인한 법흥왕이 흥륜사를 세우고 비구가 되었을 때, 왕비도 영흥사를 세우고 비구니가 되어 법명을 묘법이라 했다. 불교가 공인된 지 불과 8년 만인데 왕비에게 재량권이 있었다. 진흥왕의 왕비도 비구니가 되었다. 두 왕비는 신라 여성들의 귀감이었다.

백제에서는 위덕왕 24년 경론과 스님을 일본에 파견할 때 비구니도 보냈다는 기록이 있다. 고구려에서는 평원왕 때 법명 비구니가 일본에 가서 일본 비구니의 교육과 수계를 담당했다.

신라에서는《승만경》이 전래하여 상류층 여성들의 신앙에 모범이 되었다. 진흥왕 37년 안홍 법사가 수나라에서 가져온《승만경》은 여성의 성불을 인정하는 대승 경전이다. 승만이라는 한 재가의 왕비가 부처님 앞에서 설법하고, 그 말을 들으신 부처님이 '너의 말이 옳다'고 인가하는 내용이다. 신라 왕실은 승만이라는 이름을 여왕의 이름에 썼다. 선덕여왕의 이름은 덕만이고 진덕여왕의 이름은 승만이며 진성여왕의 이름은 만이다.

신라 왕실에는 크샤트리아 의식(意識)이 있었다. 크샤트리아는 고대 인도의 카스트제도에서 두 번째인 왕과 무사 계급이며 붓다는 크샤트리아 출신이다. 신라 왕실은 자신들이 붓다와 같은 계급 출신이라는 점을 내세워 붓다와 자신들을 동일시했다. 23대 법흥왕에서부터 28대 진덕여왕 대까지 왕명을 불교에서 가져다 썼다. 이 시기를 불교 왕명 시대라고도 한다. 경전이 말하는 승만 왕비의 도덕성과 천부적인 변재(辯才)는 지도자가 갖추어야 할 자질이며, 여왕에게 필요한 덕목이다. 여왕을 승만 왕비와 동격에 놓으려는 의도로 그 이름을 썼다.

선덕여왕은 그 인품이 《승만경》의 주인공 승만 왕비를 연상케 한다. 재위 기간에 분황사와 영묘사를 완성했으며, 황룡사 9층탑을 세웠다. 황룡사에 백고좌(百高座)를 시설하고 100인의 승려를 모아 《인왕경》을 강론하게 했다. 100명에게 승려가 되는 길을 열어 줬다. 불교적 치세 이외에도 환과고독(鰥寡孤獨)을 위문하고 죄수를 사면했다.

선덕여왕의 지기삼사(知幾三事: 미리 알아차린 세 가지 일)는 여왕의 통찰력을 보여주는 일화다. 첫째, 당 태종이 모란꽃 그림과 함께 모란꽃 씨 석 되를 보냈다. 여왕은 그림에 나비가 없는 것을 보고 모란에 향기가 없을 것을 알았다. 여왕은 당나라 임금이 '내가 배우자가 없음을 모멸한 것'이라고 했다. 둘째, 겨울철에 영묘사 옥문지에 개구리가 많이 모여 3, 4일간을 울어댔다. 여왕은 그곳에 백제 군사 5백여 명이 매복해 있는 것을 알아차렸다. 정병 2천 명을 보내 백제 군사를 전멸시켰다. 셋째, 여왕이 병이 없었을 때 신하들에게 "내가 아무 해, 아무 달, 아무 날에 죽을 것이니 도리천(忉利天)에 묻어주시오."라고 했다. 그 장소는 낭산 남쪽이라고 했다. 10여 년 후 문무대왕이 사천왕사를 왕의 무덤 아래에 세웠다. 도리천은 불교에서 말하는 욕계육천(欲界六天)의 하나이며 사천왕천은 도리천의 밑에 있다(《삼국유사》 제1권 〈기이〉편, 선덕왕지기삼사).

선덕여왕을 사모하는 평민에게 자기의 팔찌를 벗어 준 일화도 있다. 지귀라는 남자가 여왕을 사모했다. 여왕이 절에 온다는 소식을 듣고 탑 밑에서 기다리다 잠이 들어 버렸다. 여왕은 자기의 팔찌를 벗어 지귀의 가슴 위에 놓아 주고 환궁했다. 지귀는 여왕을 못 만난 것에 심화가 나서 탑을 돌다가 화귀(火鬼)가 됐다. 여왕은 술사에게 주사(呪詞)를 짓게 하여, 지귀의 영혼을 위로했다(《대동운부군옥》 제20권 심화요탑).

지혜와 자비심을 갖춘 여왕이었다. 시인 서정주는 우리 역사에서 가장 멋있는 여성을 꼽으라면 선덕여왕을 꼽는다고 말한 바 있다.

신라에서는 평민 여성들의 불교 신행도 왕실 여성만 못지않았다. 《삼국유사》에서 평민 여성들의 신앙이 창의적이고 자유롭고 당당했다는 것을 알 수 있다. 경덕왕 때 욱면이라는 여종은 남성 불자 수십 명이 극락왕생을 발원하고 기도하는 절에 주인을 따라갔다. 신분이 다르므로 법당에 들어가지 못하고 마당에서 염불했다. 일심으로 기도한 욱면은 드디어 극락왕생했다고 한다(《삼국유사》 제5권 〈감통〉 편, 욱면비염불서승).

광덕과 엄장은 수행 도반이었다. 광덕이 죽자, 엄장은 광덕의 아내에게 같이 살자고 제안했다. 아내는 그러자고 했다. 밤이 되어 엄장이 광덕의 아내와 부부관계를 가지려 하니 광덕의 아내는 남편과 10여 년을 살았지만, 잠자리를 같이 한 일은 없었으며, 밤마다 단정히 앉아 아미타불을 염하고, 관(觀) 수행을 했다고 했다. 그렇게 해서는 극락정토에 갈 수 없을 것이라고 엄장을 경책했다. 엄장은 부끄러워서 물러나 그 길로 원효 법사에게 가서 가르침을 청했다고 한다(《삼국유사》 제5권 〈감통〉 편, 광덕엄장).

진정 법사의 어머니는 아들이 자기 때문에 출가를 망설이는 것을 알고는 '불법은 만나기 어렵고 인생은 너무 빠른데 효도를 마친 후면 또한 늦지 않겠느냐? 어찌 내 생전에 불도를 알았다고 들려주는 것만 같겠느냐? 나 때문에 출가를 못한다면 나를 지옥에 떨어지게 하는 것'이라고 아들을 독려하여 출가하게 했다. 진정 법사는 출가하여 의상 스님의 제자가 되었다(《삼국유사》 제5권 〈효선〉 편, 진정사효선쌍미).

신라 여성들은 죽은 후 극락왕생을 염원하는 미타 사상을 중요하게 생각했다. 한국문화 속에서 연원이 가장 오래된 무교(무속)에는 내세 관념이 없다. 불교 이후 내세 관념이 생겼다. 내세 관념이 생기면 현세의 삶이 가치 지향이 된다. 수행이 필요해진 것이다.

고려 시대

고려불교의 특성을 한마디로 요약하면 '기복양재(祈福攘災) 진호국가(鎭護國家)의 불교'라고 할 수 있다. '복을 기원하고 재앙을 물리치며, 국가가 난리를 진압하고 나라를 지키는 데 불교의 정신력을 썼다'는 의미다. 고려에서는 외환이 잦아서 난국을 불덕(佛德)과 신력(神力)으로 해결하려 했다. 신불 행사가 많았다. 연등회와 팔관회를 비롯하여 《고려사》

에 보이는 불교 행사의 종류는 69종이며, 《고려사》 외의 다른 자료에 나타나는 것까지 합하면 불교 행사가 83종에 이른다. 이 83종의 법회가 1,038회나 열렸다. 내용으로 분류하면 기복(祈福)·양재(攘災)·진병(鎭兵)·치역(治疫)·강경(講經)·참회(懺悔)·수계(受戒)·반승(飯僧)·천도(薦度)·시식(施食)·기우(祈雨)·기청(祈請) 등 다양하다.

고려 양반가 여인들의 묘지(墓誌)에는 당시 여성들의 신행생활이 자세하게 나타나 있다. 고려 여성들은 나라에서 하는 신불 행사에 적극적으로 참여했다. 거기에 그치지 않고 가정에서도 불교 신행을 일상화했다. 어릴 때부터 가정에서 《소미타경》《화엄경》의 〈보현행원품〉《천수다라니경》《금강경》 등의 경전을 읽고, 불교의 계율도 엄격하게 지켰다. 염불은 아미타불 신앙과 관음 신앙이 보편적이었다. 여러 아들 가운데 한둘을 비구로 출가시키는 일은 흔한 일이고, 장례는 대개 불교식으로 집 근처에 있는 절에서 다비했다.

여성들이 임종을 맞이하는 자세는 특별했다. 깊은 불심(佛心)과 정신력을 보여준다. 네 아들 중 두 아들을 출가시킨 무안군부인 박씨의 임종 모습은 다음과 같다.

"…7월 초이튿날 병이 위독하니 죽음을 면하기 어렵다는 것을 알고 묘련사 주지인 양가도승통(兩街都僧統)을 청하여 계를 받고 스님이 되어 법명을 성공이라 하였다. 계를 받은 후 한 노비를 시주하여 출가시켰다. 11일이 되자 목욕하고 옷을 갈아입고 자녀를 포함한 측근을 불러 뒷일을 부탁한 후 합장하고 아미타불을 외었다. 저녁나절이 되어 돌아가려고 숨이 넘어갈 즈음에도 염불하는 입술이 멈추지 않았고 완전히 숨이 넘어간 뒤에야 합장한 손이 흐트러졌다…" (〈무안군부인 박씨 묘지〉 충숙왕 5년)

임종 전에 스님을 청해서 머리를 깎고 비구니가 되어 법명까지 받고 임종을 맞이하는 일은 당시에 흔한 불교 풍속이었다. 죽음에 임해서 염불로 잡념을 떨치고 극락왕생을 발원하는 모습에서 당시 여성들의 신앙 수준을 엿볼 수 있다.

고려에서는 수많은 법회로 국력을 소모했다. 반면 법회는 여성들에게 불교 교육의 장이 되었다. 법회에서는 승려들의 설법이 있었고, 그 설법을 통해 불교적 심성이 형성되었다. 가정에서의 신행 생활은 그 연장선에 있었던 것으로 보인다. 특히 매일 경전 독송을 했다는 것과 죽음에 임하는 자세의 의연함이 주목된다. 고려 여성들은 임종의 순간을 중요하게 여겼다. 극락왕생을 하려면 죽음의 순간을 어떻게 맞이해야 하는가를 고려 여성들은 알고 있었다.

조선 시대

조선에서 통치 이념이 유학으로 바뀌면서 여성의 지위가 달라졌다. 남존여비, 삼강, 칠거지악 등 유교적 규범이 여성을 옥죄었다. 여성에게는 성만 있고 이름이 없었으며 가정에서의 지위는 남성에 종속되었다.

불교는 영향력을 잃었으나 여성들은 유교보다는 불교에 더 가까웠다. 정치 체제와 이념이 바뀌어도 삼국, 고려를 거치면서 삶 속에서 체화된 불교가 하루아침에 버려지는 것은 아니었다. 여성들에게 불교는 유교적 규율의 옥죔에서 벗어날 수 있는 탈출구였다. 조선 시대에는 왕실 여성들이 불교 신앙의 주체였다. 초기의 몇몇 왕들의 친불교적 성향에 의해 그것이 가능했다.

태조는 무학대사를 왕사로 삼을 만큼 불교 신앙이 깊었다. 불교에 대해서 그 폐해를 시정하는 정도에 그쳤을 뿐 적극적인 배척은 하지 않았다.

강력한 배불 정책을 편 왕은 태종이다. 태종은 즉위 6년에 전국의 사찰을 정리하여 11종이었던 종단을 7종으로 줄이고 전국의 사찰 중 242사(寺)만을 남겼다. 이렇게 불교를 억압했던 태종도 "나라에서 행하는 불사는 내가 이미 파하였으나 궁중의 부녀들이 그 아들의 수(壽)를 연장하기 바라면서 사재를 써서 예참(禮懺)을 베풀거나 수륙재(水陸齋)를 행하니 금하고자 해도 금할 수가 없다"고(《태종실록》 1년, 1월 17일) 실토한 것으로 미루어 왕실 여성들의 불사를 전면적으로 금하지는 않은 것으로 보인다.

세종은 태종의 억불 정책을 이어받았다. 태종이 정리했던 사찰과 종단을 선교 양종 36사(寺)로 다시 줄였다. 세종 11년에는 부녀자가 절에 가는 것과 승려가 과부의 집에 출입하는 것을 금했다. 억불의 군주였던 세종은 말년에 불교를 신앙하는 왕이 되어 문소전 서북쪽에 내불당을 건립했다. 왕실 여성들은 내불당에서 불교 신행을 펼쳤다. 내불당의 불사는 중종 때까지 이어졌다.

세조는 스스로를 '나는 호불(好佛)의 인주(人主)다'라고 말할 만큼 조선조를 통틀어 불교를 가장 옹호한 왕이다. 억불 시대의 왕으로서는 쉽지 않은 결단력으로 많은 불사를 이루어냈다. 간경도감을 설치하여 《능엄경언해》《법화경》《금강경》《원각경》《영가집》 등을 국역하여 간행했다. 해인사 대장경 50질을 인출하여 각 도의 큰 절에 나누어 보관하게 하고, 승려의 범죄가 있으면 반드시 왕에게 먼저 알려 허가를 받은 후에 심문하게 하여 승려의 권익도 보장해 주었다.

왕실 여성들이 불교 신앙을 이어 가는 데 선두에 서 있던 여성은 세조의 비 정희왕후다. 세조의 호불에 힘입어 불사에 적극적이었다. 왕비 시절 도성 안에 있던 비구니 절인 정업원에 세조와 같이 방문하여 명주 40필을 하사하고, 사섬시(司贍寺)에 이속시켰던 노비 1백 명을 정업원에 돌려주었다. 정희왕후의 불사에 대해 유신들이 끈질기게 상소했으나 성종은 '대왕대비가 하시는 일'이라고 상소를 들어주지 않았다. 정희왕후의 불사는 뒤에 오는 왕대비들에게 전례가 되었다. 후대 왕대비들의 불심은 정희왕후의 불심이 뿌리가 되어 그 전통을 이어 나갔다.

왕실 여성들의 불사는 주로 왕대비들이 주축이 되었다. 조선에서 불사는 국가의 정책에 반하는 것이었다. 왕비는 불심이 깊다 해도 감히 내놓고 불사하기는 어려웠다. 왕대비의 불사는 효를 중요하게 여긴 유교 사회에서 왕도 적극적으로 규제할 수 없었다.

정희왕후의 며느리 인수 왕대비(성종의 어머니)는 시어머니의 불심을 이어갔다. 인수 왕대비의 불사 중에 돋보이는 것은 세 번이나 내린 언문 교지이다.

성종 23년(2월 3일) 예조에서 승려를 금제할 절목을 올렸다. 이에 성종은 "서북 지방에 사변이 있는데도 군액이 날로 줄어드니 우선 도첩의 발급을 중지한다."고 전교하였다. '도첩의 발급을 중지한다'는 것은 일반인이 승려가 되는 길을 막는다는 의미이다. 승려의 수효는 줄이고, 군사의 수효는 늘리겠다는 정책이다.

성종의 전교가 있은 지 몇 달 뒤 11월 21일에 인수 왕대비는 인혜 왕대비(예종의 비, 인수 왕대비와 인혜 왕대비는 동서 간이다)와 같이 언문 교지를 내렸다. 불교를 옹호하는 내용이었다. 성종은 이 언문 교지를 승지에게 한문으로 번역시켜 신하들에게 보여주었다.

"…승려에게 증명서를 주는 법은 이미 《대전》에 실렸는데 하루아침에 갑자기 개혁하니 비록 법에 의하여 승려가 된 자일지라도 도첩 없이 역을 피하는 자로 여겨 현재의 사주(寺主) 사승(師僧) 유나에게 죄다 신역을 지우고 있으니, 이것은 백성들을 속이는 것이다. 역대 제왕이 불교를 배척했어도 근절시키지 못한 것은 사람들의 마음이 소란스러워지는 것을 염려했기 때문이다. … 도첩이 있건 없건 막론하고 그들이 가지고 있는 물건들을 강탈하고 의복까지 빼앗는다고 한다. 늙은 승려들은 오로지 제자에 의지하여 양식을 빌어 굶주림을 면하는데 만일 이같이 하면 반드시 모두 굶주려서 죽을 것이다. … 지금 승려들을 고통스럽게 만들어 감정을 품게 하고 있으니 정치의 원칙이 이래서 되겠는가?"(《성종실록》 23년, 11월 21일).

인수 왕대비의 교지에서 당시의 불교 억압이 어떠했는지 그 실상을 알 수 있다. 인수 왕대비는 도승법이 금지된 몇 달 간 불교계의 실태를 파악하여 논리는 분명하고 표현은 간절하게 교지를 썼다. 대비의 교지 이후 성종은 '대비의 교지가 간절하여 뜻을 거스를 수 없다'고 입장을 바꿨다. '도첩 발급 중지의 법'은 성종 대에는 시행되지 않았다.

문정대비(文定大妃)는 명종이 12세로 즉위하자 수렴청정을 했다. 불심이 깊었던 문정대비는 불교를 일으키려 시도했다. 양주 회암사에 주석하고 있던 승려 보우(普雨)를 앞세워 선교 양종을 다시 일으키고, 양종의 승선(僧選) 고시인 승과(僧科)를 부활했다. 척불로 황폐해진 전국의 사찰을 복원하고 4천여 승려에게 도첩을 주었다. 불교는 부흥기를 맞는 듯했으나 명종 20년 대비가 승하하자, 불교의 부흥은 다시 원점으로 돌아갔다. 그러나 문정대비의 이런 노력이 헛된 것만은 아니었다. 서산대사(西山大師)는 문정대비가 부활시킨 승과에 급제하여 불교의 법맥을 이었다.

월산대군(月山大君)은 성종의 형이다. 월산대군이 죽은 후 그의 부인 박씨는 남편의 묘소 옆에 홍복사를 창건하고 법회를 열었다. 그 법회에 '사족(士族)의 부녀자들이 파도처럼 몰리고 물고기 떼처럼 모여들었다'고 한다. 성종 25년 4월 11일부터 시작된 유신들의 상소가 5월 12일까지 한 달간이나 이어졌다(《성종실록》). 상소는 '부녀자는 절에 올라가지 말라는 금령을 세운 것은 남녀가 뒤섞여 있는 것을 꺼려서이다. 승니(僧尼)와 사족의 부녀자들이 한 절에 뒤섞여 자리 잡고 연일 밤을 지새웠다고 한다. 이는 풍속을 망치는 일이다. 수창(首唱)한 중이 있을 것이니, 끝까지 추핵(推覈)하여 죄를 주도록 하고, 사족의 부녀자도 추핵해야 한다'고 주장했다. 그러나 성종은 유신들의 요구를 들어주지 않았다.

세종 때 여자는 절에 올라가지 말라는 법이 생겼고, 내외법에 의해 양반 여성의 외출에는 제약이 많았다. 절에 가서 밤을 지새우는 것은 실행(失行)으로 여겼다. 이러한 사회 환경에서 한 왕실 여성이 주최한 법회에 조정이 깜짝 놀랄 정도로 많은 여성이 모였다는 것은 당시 여성들의 욕구를 나타내는 사건이다.

불교와 관련된 사건에는 유생들의 상소가 빗발쳤다. 그

가운데서도 개인적인 신심에 그친 것이 아니라 대외적으로 의견을 피력하고 불교를 다시 일으키려 했던 왕실 여성에게서 한국 불교 여성의 정신력을 엿볼 수 있다. 왕실 여성들이 유교 사회에서 불교적인 성향을 유지할 수 있었던 것은 이념에 의한 것이라기보다는 불교가 필요했기 때문이다.

한편 조선에서는 왕실 여성으로 출가하여 비구니가 된 경우가 많았다. 이성계와 계비 신덕왕후 강씨 사이에서 난 막내딸 경순공주는 남편과 두 동생이 제1차 왕자의 난 때 방원에 의해 죽임을 당한 후 출가하여 비구니가 되었다. 경순공주의 출가는 조선에서 왕실 여성이 비구니가 된 첫 번째 사례다. 노산군(단종)이 사사(賜死)된 후, 부인 정순왕후 송씨는 출가하여 정업원으로 나갔고, 단종의 누이 경혜공주도 남편 정종(鄭悰)이 단종 복위 운동에 연루되어 죽임을 당한 후 비구니가 되었다. 왕가의 여성들이 남편이 정쟁(政爭)으로 죽임을 당하거나 요절하거나 하게 되면, 출가하여 비구니가 되는 경우가 흔했다. 태종 대로부터 후기의 현종 대에 이르기까지 왕이 죽으면 후궁들이 삭발 출가했다.

고려 왕씨의 원혼을 위로하고 조선의 건국으로 갈라진 민심을 수습하기 위해 태조가 시작한 수륙재는 왕실 여성들이 불교 신행을 이어가는 발판이 되었다. 왕실에서는 선왕과 선비의 추천(追薦)을 위해서, 왕과 왕실 가족이 병들었을 때 쾌유를 위해, 득남을 위해 수륙재를 열었다. 수륙재에 왕실 여성들은 자연스럽게 참여했다. 대의명분이 있었기 때문에 유생들의 상소를 막을 수 있었다. 권력과 재물이 따르지만 반면에 지켜야 할 규범과 제약도 많은 왕실 여성들에게는 누구보다도 정신력이 필요했다. 왕실 여성들은 유교적 규범에서보다는 불교의 기도를 통해 마음의 안정을 꾀하고 정신력을 키웠다.

삼국, 통일신라 시대에는 불교의 내세관을 받아들여 현세에서의 삶을 가치 지향적인 것으로 만들었다. 수행을 통해 극락왕생하는 기록을 남기고 있다. 고려 시대에는 불교를 생활화하여 계율을 지키고, 일상생활에서 경전을 독송하며 죽음의 순간을 가장 중요하게 여기는 불교적 풍속을 보여주고 있다. 조선 시대에는 유교적 규범에서보다는 불교의 기도를 통해 안심을 얻고 어려움을 극복하는 정신력을 키웠다. 이들 불교 여성은 이 시대의 여성 불자들이 귀감으로 삼아야 할 선조들이다.

불교는 페미니즘이다

2015년에 《불교의 여성성불 사상》이란 책을 냈다. 늦깎이로 동국대학교에 들어가 공부한 끝에, 박사학위(1994년)를 받은 논문을 수정해서 낸 책이다. 책이 출간된 후, 몇 군데서 격려해 주었다. 책을 낸 다음 해인 2016년, 불교진흥원에서 원효학술상 수상작(비전임교수 부문)으로 선정해 상찬해 줬고, 그다음 해에 청호불교문화재단에서 또 학술상을 주었다.

저술상을 받는다는 것은 기쁜 일이다. 그런데 이 기쁨이 개인적인 기쁨에 그친 것은 아니었다. 불교 사회 내에서 여성문제에 대한 담론이 인정받았다는 사실이 더 기뻤다. 내가 논문을 쓰던 20여 년 전으로 거슬러 올라가면, 불교의 여성문제에 대해 상을 준다는 것은 생각하기 어려웠다. 그때, '도대체 불교에서 '여성성불'이란 말은 성립될 수 없다.'는 말도 들었다. 그것도 불교학자에게서. 나는 불교 여성관이 시대에 따라 변천하면서 왜곡된 시기가 있는데, 그 왜곡을 밝히면서, 여성불성불설이나 변성남자성불설이 불식되어야 한다고 주장했다.

시대가 변했다. 여성 불자들의 의식도 변화하고 있고, 불교 사회가 여성을 대하는 의식도 많이 달라지고 있다. 책 출간이 시절인연을 만나 상을 받게 된 것이다. 박사학위를 받은 시점에서 책을 냈더라면 내 책은 그냥 묻혀 버렸을 것이다.

나는 30대 초부터 불교 신앙을 갖고, 절에 다니면서 신행생활을 해왔다. 다 알다시피 한국불교를 받치고 있는 힘은 여성 불자들에게서 나온다고 해도 지나친 말이 아니다. 그런데 한국불교는 여성 불자의 능력은 활용하면서, 출·재가를 막론하고 여성 불자에게 그에 합당한 지위와 역할은 주지 않는다. 물론 요즘은 드러내놓고 여성을 비하하는 종교인은 없다. 그러나 어느 종교를 막론하고 저변에 깔린 여성에 대한 편견은 아직도 남아 있다.

지난 40여 년간 여성 불자로서 불편한 모습들을 수없이 목격하고 감내했다. 어느 큰절의 주지 스님이 여성 불자들을 앞에 놓고 반말로 법문하시는 모습을 봤을 때는 정말 속이 상했다. 아는 스님이 "여자들 해 봐야 별거 있나, 내생에 남자 몸 받는 것밖에"라고 하시는 말을 듣고는, '부처님은 여성을 어떻게 생각하셨을까? 정말 여자는 이번 생에 수행을 열심히 해도 내생에 남자로 태어나는 과보밖에는 못 받는 존재인가?' 하는 의문을 가졌다. 이것이 불교의 정설인지 꼭 밝혀야겠다고 생각했다. 내가 낸 책은 그 발심의 결과물이었던 셈이다.

나의 연구를 요약해서 말하면, 불교와 같은 페미니즘의 종교는 없다는 것이다. 부처님이 살아 계실 때, 인도의 여성들은 부처님이 세 번이나 거부했는데도 포기하지 않고 먼 길을 찾아가 부처님의 출가 제자가 되었다. 부처님이 계속해서 여성 출가를 허락하시지 않자, 시자 아난이 부처님께 물었다. "여자들이 불법 중에 출가하여 계를 받고 수행하면 수다원과(須陀洹果) 내지 아라한과(阿羅漢果)를 얻을 수 있습니까?" 부처님은 분명히 말씀했다. "얻을 수 있다."고.

그럼에도 부처님이 여성 출가를 주저한 것은 여성의 생리적 특성과 인도 사회의 여성에 대한 환경과 인식을 고려한 것이지, 여성의 본성이나 능력 자체가 남성과 달라서가 아니었다. 결국 부처님은 여성 출가를 허락하셨다. 여성도 남성과 동등하게 정신세계의 동참자가 되었으며, 비구 교단과 나란히 비구니 교단이 탄생했다. 세계의 어느 종교에서도 여성들이 교조에게 그와 같은 요구를 한 일이 없고, 나아가 교조가 여성들의 요구를 받아들여 여성을 남성과 같은 차원의 수행자로 인정한 종교는 없다. 오늘날 우리가 볼 수 있는 《장로니게》라는 자료가 그 당시의 사정을 말해준다.

여성 수행자들인 장로 비구니들이 남긴 게송인 《장로니게》에는 71명 비구니의 이름이 나오고 그들이 쓴 게송 522수가 실려 있다. 부처님이 살아 계실 때부터 기원전 3세기에 이르는 동안 성립된 것으로 보이는 이 책에는 장로 비구니들의 수행 역정이 그들 자신의 언어로 기록되어 있다. 그 가운데는 아라한이 된 여성들도 있다. 부처님은 여성도 수행하면 아라한이 될 수 있다고 분명히 말씀하셨는데, 그것을 증명한 것이다. 수행에 대한 그들의 열정이 얼마나 솔직하고 치열한지, 오늘날 우리는 무엇을 하는 걸까 하고 부끄러움을 느끼게 될 정도다.

그러나 이런 위대한 전통이 그대로 이어지지 않았다. 부파불교에 오면서 남성 중심의 교단은 당시 인도 사상계의 영향을 받아 여성은 다섯 가지 장애가 있다는 생각(女人五障

說)을 만들어 냈다. 다섯 가지 장애 중 하나가 여성은 부처가 될 수 없다는 여성불성불설이다. 모든 중생의 성불을 강조하는 대승의 시대에 이르러 이 같은 생각은 문제가 되었다. 그러자 초기 대승불교 시대에는 여성의 성불을 인정하는 듯한 설명을 했다. 그러나 자세히 보면 남성으로 몸을 바꾸어야 성불한다는 이른바 '변성성불론'에 머물고 있었다. 여성도 성불할 수 있다는 사상은 《승만경》이 성립된 중기 대승불교에 와서야 완성되었다. 불교의 여성에 대한 역사적 인식을 한눈에 훑어보면 거기에는 왜곡과 변천이 있었음을 알 수 있다. 대승불교에 와서 부처님의 사상으로 돌아가게 된 것은 참으로 다행한 일이라 할 것이다.

이러한 왜곡과 변천이 생긴 것을 나는, 인도 사회의 여성에 대한 극심한 편견과 남성 출가자들의 여성에 대한 보수적인 인식에 원인이 있다고 본다. 즉 부처님이 여성을 인정하신 그 사상은 간과하고, 여성에 대한 편견에서 나온 여성불성불설(女性不成佛說)이나 변성남자성불설(變成男子成佛說)을 내세워 여성을 억압한 것이다. 한국불교가 아직도 봉건적 발상의 왜곡된 학설에 대한 자성과 비판을 하지 않는다면 이는 시대착오적이다.

부처님은 2,600여 년 전 인간이 인간을 구속하는 카스트

제도를 부정하셨다. 대승불교는 '일체중생에게 불성이 있다(一切衆生 悉有佛性)'고 말한다. 그러면서 한편으로는 여성을 부정하는 이율배반적인 행태는 이제 당연히 불식되어야 한다. 불교의 근본 사상으로 돌아가야 한다는 뜻이다. 이러한 생각이 보편화하여 교단 운영이나 신행에서 차별이 없어져야 불교는 인류 문명사에서 다시 찬연하게 빛나는 종교가 될 것이다.

《불교평론》 2017년 여름호

수행자의 부드러움이 세상을 바꾼다

• 제8차 세계여성불자대회 참가기 •

2004년 6월 27일부터 7월 2일까지 중앙승가대학에서 열렸던 제8차 세계여성불자대회는 불교 여성운동이 나아가야 할 방향을 시사해 준 의미 깊은 대회였다. 불교 여성운동은 여성운동과 어떤 연계를 가지며, 무엇이 달라야 하는가에 대해 생각하는 기회가 되었다

세계 40여 개국과 국내에서 온 9백여 명의 여성 불자들이 모인 자리에서 '여성 불자의 교육과 수행'을 주제로 60편의 논문들이 발표되었으며(필자는 〈한국 여성 불자 활동의 역사적 고찰과 과제〉를 발표했다), 하루에 두 번씩 그룹 토의가 있었다. 저녁에는 숲으로 둘러싸인 야외무대에서 격조 있는 노래와

춤의 공연을 즐기며 낮 동안의 진지한 담론들로 무거워진 머리를 식혔다. 행사가 진행되는 본관 로비 옆에는 전통차를 마실 수 있는 자리가 마련되어, 누구든지 신발을 벗고 들어서면 한국명선차인회 회원들이 따듯한 미소로 맞으면서 우리의 전통차를 대접했다. 세계의 어느 학술회의나 여성대회에서도 볼 수 없는 따듯하고 넉넉한 풍경이었다.

세계여성불자협회 카르마 렉쉬 쏘모 회장을 비롯한 서구 여성 불자들의 발표 내용은 현실적이고 구체적이었다. 미국의 가톨릭계 대학에서 불교를 가르치는 쏘모 스님은 "미국 학생들은 불교의 기본 개념을 절대적 진리로 받아들이지 않고, 고려해 보아야 할 이론의 하나로 받아들인다."라고 전제하고, 그들에게 불교를 어떻게 접근시키는가, 또 양성평등 문화에 익숙한 이들에게 불교의 성차별을 어떻게 설명하는가 등에 대한 현실적인 방법론을 제시했다. 미국의 공립 초등학교에서 어린이들에게 불교의 진리를 가르친 체험 발표도 있었다(엘리아나 모리스, 캘리포니아주 초등학교 교사). 미국의 저명한 불교 여성학자인 리타 그로스 여사는 불교 내에서 여성들도 지도자와 스승의 역할을 할 수 있어야 진정한 남녀 평등이 이루어지는 것이라고 주장하면서, 이것을 어렵게 만드는 불교 내의 제도적 장치를 분석했다. 기독교 전통의 미국 사회에서 불교를 전파하고 담론화하는 이들 서구 여성 불자들의 도전은 불교 여성운동의 전망을 밝게 해 주는 것이었다.

이번 대회에서는 '동남아 비구니의 지위' 문제가 부각되었다. 스리랑카의 경우 서기 1017년 소멸한 비구니 교단이 100여 년간의 논의 끝에 1998년에 복원되었다(〈스리랑카에서의 비구니 종단의 복원〉 헤마 구나틸레이크). 그러나 태국, 캄보디아에서는 아직도 비구니 교단을 인정하지 않는다. 출가수행을 갈망하는 여성들이 비구니로 출가하지만, 공식적으로 그 지위를 인정받지 못하고 있다. 비구들을 돕는 보조자의 역할을 할 뿐이다. 그러나 동남아 여성 불자들은 이런 자신들의 상황에 만족하지 않고 끊임없이 변화를 시도하고 있었고, 세계여성불자협회가 이들을 돕고 있다.

한국 여성 불자들이 가지고 있는 지위와 역량이 주목받았다. 비구니 스님들이 주축이 되어 이번 대회를 성공적으로 치러 낸 조직력과, 그 조직력을 뒷받침해 준 교단 내에서의 여성 불자의 지위와 결속이 돋보였다. 각 분야에서 활동하는 젊은 비구니들의 발표는 한국 비구니의 저력을 보여 주는 것이었다. 순천대 안옥선 교수의 〈불교 생태학에 있어서 존재의 평등〉과 이화여대 김정희 교수의 〈여성 불자들의 삶에서 본 생명 여성주의 윤리〉는 불교와 여성 문제에서 앞으로 우리가 다루고 연구해야 할 방향을 보여준 발표였다. 더구나 그들이 젊은 학자이기 때문에 미래에 대한 희망이 보였다.

엿새간의 대회 동안 여성 불자들은 진지하게 발표자들의 연구를 경청했고, 그룹 토의 시간에는 동서양의 여성 불자가 한자리에 모여 서로의 문제를 내놓고 진단했으며, 이를 통해 공감대를 형성했다. 불교 내의 성차별은 동서양의 여성 불자들이 공통으로 가지고 있는 문제의식이다. 그러나 페미니즘이 여성운동으로 표출될 때 나타나는 남성과 가부장적 체제에 대한 분노와 증오가 여성 불자들에게는 없었다. 오히려 수행자의 유연함이 있었다. 부드러움은 불교 여성들의 공통된 특징이었다. 그것은 감동이었다.

흔히 부드러움은 무능과 통하는 것으로 치부되기도 한다. 그러나 과연 그런가? 여성 불자들은 부드러웠지만 무능하지 않았고, 그들의 활동은 현실적이고 구체적이었다. 그들은 화를 내면서 싸우려 하지 않았으나, 할 말을 유보하지는 않았다. 분명한 목소리로 평등을 주장했고, 평등한 사회를 만들기 위해 현실적인 문제들을 힘차게 해결해 나가고 있었다. 그 부드러움이 세상을 변화시키고 있었다. 내가 변해야 세상이 변한다는 진리를 실천하고 있는 세계의 여성 불자들. 여기서 우리는 불교 여성운동이 나아가야 할 방향을 찾는다. 우리는 불교와 여성 문제를 말하는 담론문화를 키워가면서 부드럽지만 당당하게 할 말은 하는 풍토를 만들어가야 할 것이다. 현실적인 문제들을 하나하나 변화시키는 구체적인 실천을 병행해야 할 것이다. 샤카디타(석가의 딸)로서 부끄럽지 않도록 수행하며, 그 수행이 바탕이 된 불교 여성운동을 통해 여성 불자의 지위와 삶의 질을 높여가야 한다.

《우바이 예찬》 2004년 7/8월호

후기

2004년의 세계여성불자대회 이후, 19년 만에 제18차 '샤카디타(붓다의 딸들) 세계대회'가 2023년 6월 23일부터 27일까지 5일간 서울의 코엑스에서 다시 열렸다. 제18차 대회의 주제는 '위기의 세상 속에 깨어 있기'로, 31개국에서 온 외국인 600여 명을 포함해 3천여 명이 참석했다.

종교와 여성

• 불교와 기독교를 중심으로 •

우리나라의 겨울은 입시의 계절이다. 이 불확실성의 터널을 통과하면서 느끼는 불안과 초조는 당사자가 아니면 모른다. 이 계절에 TV와 신문에 한 번쯤 나오는 그림이 절에서, 교회에서, 성당에서, 그리고 자식이 시험 치르러 들어간 학교의 교문 밖에서 기도하는 어머니들의 간절한 모습이다. 내 자식이 붙으면 남의 자식이 떨어진다는 것을 알면서도 결코 양보할 수 없는 이 인간사를 치러 내면서 어머니들은 좌절하고, 성취하고, 성숙해 간다.

지내 놓고 보니 그것도 별것 아닌데 그때는 왜 그렇게 절박했을까 하고 뒤돌아보는 것은 몸과 마음을 다 바쳐 그 일에 몰두했었기 때문이다. 그리고 그때 의지처를 갖고 기도를 통해 자기의 내면을 가꿀 수 있었던 어머니들은 그중에서도 행복한 이들이다. 어디 입시뿐이랴. 양어깨를 짓누르는 삶의 무게가 가볍지 않은 이 시대에 여성들은 종교에 귀의하여 종교의 영향을 받으며 그 삶의 무게를 견뎌 낸다.

종교다원사회라고 하는 우리나라에서 여성은 그 종교를 떠받치고 있는 힘이다. 어느 종교를 막론하고 여성은 다수이다. 종교 내에서 여성의 역할은 점점 커져 가고 있다. 그런데 다수의 여성이 떠받치고 있는 각 종교의 지배층은 소수의 남성이다. 불교의 경우를 보면, 현실적으로 지킬 수도 없고 지켜지지도 않는 비구니 팔경법이 아직도 필요할 때는 비구니를 통제하는 기능으로 쓰이고 있다.

우리나라 개신교 최대의 교파인 예수교장로회의 통합교단은 한국 선교 109년 만인 지난 1994년 여성도 목사가 될 수 있다고 결정했는데, 이런 결과를 얻어내기까지 교회 여성들이 큰 노력을 기울였다. 그런데 같은 예수교 장로회의 합동 교단은 여성 목사 안수는 하나님의 창조 원리와 교회 질서에 어긋난다고 완강하게 부인하고 있다. 기독교 여성 신학에서는 '성경은 신화적 원형이 아니고 역사적 원형이며, 예수는 여성을 차별하지 않았기에 그 정신을 따라야 한다.'

고 주장해도 기득권을 가지고 있는 일부의 남성 개신교 지도자들은 꿈적도 안 한다.

붓다 입멸 후, 가섭은 아난을 질책하는데 아난이 잘못했다는 항목 가운데 부처님께 권청하여 여성 출가를 허용하게 했다는 것이 들어 있다. 안 되는 일이라고 생각했다면 아무리 아난이 권청했다 해도 붓다는 여성 출가를 허용하지 않았을 것이다. 이것은 붓다의 생각과 제자인 가섭의 생각이 다르다는 것을 보여 주는 사건이다. 물론 붓다의 말씀으로 남아 있는 경전 가운데에도 여성에 대해 부정적인 말씀이 없는 것은 아니다. 그러나 도기(道器)로서의 여성을 부정한 말씀은 경전 어디에도 없다. 붓다의 이모이며 양모였던 마하파자파티 고타미가 붓다에게 찾아와서 자기들도 교단에 받아들여 달라고 간청했을 때 붓다는 이를 세 번이나 거절했다. 그래도 뜻을 굽히지 않고 마하파자파티는 석가족의 여성들과 함께 다시 와서 청했다. 그 여성들은 유복한 가정의 여성들로 평소에는 마차로 여행하던 이들이었는데, 북인도의 평야를 발로 걸어서 기원정사까지 오느라고 발은 부르트고 땀과 먼지가 범벅이 되어 누추한 모습으로 문밖에 서 있었다고 한다. 머리까지 삭발하고 온 이들을 본 아난은 그들의 열의에 감동되어 부처님께 들어가 여인들의 청을 들어

주시라고 말씀드렸다. 그러나 이번에도 붓다는 거절했다. 그때 아난은 여인들이 수행하면 수다원과 내지 아라한과를 증득할 수 있느냐고 물었다. 붓다는 여성도 수다원과 내지 아라한과를 증득할 수 있다고 분명히 말씀했다. 그러면서 여성을 교단에 받아들였다. 여성을 정신세계의 동참자로 받아들인 붓다의 이 결정은 '자유의 역사에서 빛나는 등불'이라고 영국 불교학자 호너 여사는 말한다. 그 시대 비구니들의 내면세계를 알 수 있는 《장로니게》를 보면 오늘날 소위 불자라는 우리는 무엇을 하고 있는 것일까, 부끄러움을 느낀다.

부파불교에 오면 여성은 부처가 될 수 없다는 오장설이 등장하는데, 엄밀하게 말하면 부파불교 시대에는 부처와 동격인 자는 없었다. 아비달마 논사들은 붓다를 숭앙하는 깊은 마음에서 스스로 목적하는 바를 아라한과에 두어 아라한과 부처의 거리를 엄격하게 유지함으로써 불과(佛果)를 넘보는 불손을 범하지 않았다. 따라서 남자에게도 성불의 도에는 제한이 있었는데 여자가 성불할 수 없다는 것만 강조되어 후대까지 내려온 것이다. 대승불교 초기에는 변성남자 성불설이 나타나고, 중기 대승불교에서는 여성성불설이 나타난다. 불교의 여성관은 불교사상의 발전과 궤를 같이하며 변천했다.

기독교의 경우는 어떠한가. 예수는 그때까지의 유대교의 모순을 극복하고 버림받은 사람, 소외된 사람을 공동체의 중심부로 끌어들인 성인이다. 유대교에는 자신을 이방인과 노예와 여자로 태어나지 않게 한 신에게 영광을 돌리는 아침 기도가 있다. 여자나 이방인을 어떻게 생각했는지 한눈에 알 수 있다. 그러나 예수는 달랐다. 당시 유대인들이 사람 취급도 하지 않던 이방인과 세리와 여자들을 평등하게 대했다. 예수는 매춘부와도 식사했다. 식사 좀 같이 한 게 뭐 대단하냐고 할지 모르나, 당시 유대인들은 아무나 하고 식사하지 않았다. 예수가 우물가에서 이방인인 여자에게 물을 청했을 때 그 여자도 깜짝 놀랐다고 한다. "당신은 유대인인데 어찌 사마리아 여자인 저에게 마실 것을 청하느냐?"고. 제자들조차도 선생님의 이런 행동을 의아해했다. 예수의 세속적 영광만을 바라보고 따라다니던 제자들은 예수의 깊은 마음을 몰랐던 것이다. 예수가 죽었을 때 갈릴래아에서 온 여자들이 십자가 아래 서 있었는데, 이것은 당시 유대교의 랍비에게는 있을 수 없는 일로 예수가 여성을 차별하지 않았음을 나타내는 사건이다. 예수의 사후, 교단의 지도자가 된 바울은 '그리스도 안에서 여자와 남자의 차별이 없다'고 말했다. 그러나 후대의 제자들은 '여자는 남자에게 복종해야 하며, 교회 집회에서 여자는 말할 권리가 없다'고 했다. 교부시대와 중세의 성 어거스틴이나 토마스 아퀴나스도 여성을 차별했다.

불교도 기독교도 여성에 대해 이중적인 인식이 있었음을 알 수 있다. 붓다의 생각과 가섭의 생각이 달랐듯이 예수와 제자들의 생각이 달랐다. 이들 종교의 여성관은 교조의 생각에 의해서보다는 그 후계자들에 의해서 형성되었다고 본다. 그 전통이 오늘날까지도 이어지고 있어 종교는 여성을 한편으로는 해방하면서, 한편으로는 차별하는 것이다. 이러한 이중 행태의 원인은 다른 데에 있지 않다. 기득권을 가진 남성의 이기심에 있을 뿐이다. 종교학자 D.L. 카모디는 말한다. "오늘날 여성에 대한 세계 종교의 인식을 전환하는 것은 세계사적 필연이다."라고. 전적으로 동감한다. 종교가 여성을 진정 평등한 동반자로 받아들이는 일은 교조의 근본정신으로 회귀하는 일이다.

월간 《해인(海印)》 1999년 2월호

'열린논단' 이야기

'열린논단'은 불교 계간지 《불교평론》이 창간 10주년을 맞으면서 시작한 월례 모임이다. 주제에 맞는 전문가를 모셔서 발제를 듣고 참가자들이 토론한다. 1999년에 창간한 《불교평론》이 10년 만인 2009년에, 돌아가신 무산 스님의 배려로 강남 신사동에 편집실과 세미나실을 마련했다. 그 세미나실에서 열린다. 2009년 2월에 시작해서 매년 10회씩 열려 2024년 5월 현재 120회를 기록했다. 그동안 《불교평론》의 창간 이념과 궤를 같이하면서, 그 외연을 넓혀가는 주제들을 다뤘다,

100회를 맞은 2019년 4월 열린논단에서는 '무엇을 깨닫고

어떻게 실천할 것인가'라는 주제를 내걸고 대토론회를 가졌다. 이날은 평소보다 많은 인사들이 참석했다. 그간 편집위원장을 역임한 박경준(동국대) 허우성(경희대) 이도흠(한양대) 교수, 발제를 했던 박광서(서강대) 방영준(성신여대) 교수, 현재 편집위원인 명법 스님, 서재영(성균관대), 장성우(동국대) 교수 등과 열린논단 참석자들이 오래간만에 한자리에 모여 토론과 뒤풀이 잔치를 가졌다. '무엇을 깨닫고 어떻게 실천할 것인가'라는 주제를 내걸었지만, 주제를 벗어나는 각자의 생각도 자유롭게 펼치는 자리였다.

이 자리에서 당시 편집위원장 박병기 교수(한국교원대)는 "열린논단은 100회 동안 크게 세 묶음의 주제들을 다뤘다. 첫째는 한국 사회가 지닌 문제를 불교적 관점에서 조명하고 해결 방안을 모색하는 주제이고, 둘째는 불교 교리를 재해석하고 현대적 관점에서 어떻게 확장할 것인지에 대한 것, 셋째는 불교를 중심에 두면서 외연을 확대해, 이웃 종교의 문제나 사회 전반의 문제와 연결하는 것이었다. 그동안 금강대 불교문화연구소, 경희대 비폭력연구소 등이 공동주관자로 참여했다. 물심양면으로 도와주신 분들이 있어 풍성하게 진행됐다. 100회를 지속해 온 자체로 충분히 의미가 있다고 본다. 앞으로 내용을 더욱 심화하여 오래도록 이어지기를 희망한다. 그렇게 되도록 여러분의 관심과 협조를 바란다."고 회고와 전망을 밝혔다.

참석자 전원이 한마디씩 하는 형식의 토론회였기 때문에, 깨달음 이외의 문제점들도 나왔지만, 결론은 '깨달음의 실천'이라는 문제로 회향했다고, 《불교평론》 홍사성 주간이 이 날의 토론회를 요약, 정리했다. "열린논단이 드디어 100회까지 왔다. 오늘 우리가 주제로 삼은 깨달음과 실천의 문제는 개인적인 것인 동시에 사회적인 문제다. 앞에서도 말씀이 있었지만, 사회적 고(苦)를 어떻게 인식하고, 해결을 위해 어떤 노력을 해야 할 것인가는 앞으로 우리가 더 탐구해야 할 화두고 주제이다. 여러 가지 분석과 처방을 말씀했다. 토론 시간 동안 다소 중구난방이 될 수도 있다는 우려도 있었지만, 돌아보니 한쪽으로 모이는 결론이 있었다. 그것은 불교가 관념의 종교가 아니라 일상의 삶에서 구체적인 실천을 통해 완성되어 가는 종교, 우리가 어떤 깨달음을 얻었다면 이웃을 위해 회향해야 한다는 것이었다. 이런 결론이야말로 집단지성의 힘이 아닌가 싶다."

나는 37회(2012년 6월 21일) 발제자로 열린논단에 첫발을 들여놓았다. 그날 3호선 신사역에서 전철을 내려 세미나실

가는 골목으로 들어서면서 살짝 놀랐다. '여기는 사바세계의 먹자골목이네!' '《불교평론》' 이니까, 강남에 있더라도 차분하고 조용한 골목 안에(산사의 분위기 같지는 않더라도) 있을 것이라는 나의 선입견이 여지없이 깨졌다. 이런 결정이 우연이었는지, 아니면 어떤 분의 깊은 뜻이 작용한 결과였는지는 모르지만, 《불교평론》은 사바세계의 먹자골목 안에 있는 것이 맞는다는 것을 몇 시간 후에 납득했다.

나는 '불교에서 여성은 열등한가'라는 주제를 발표했다. 참석자는 20여 분쯤이었는데 모두 남성에다 각계의 전문가로 보였고, 홍사성 주간 외에는 아는 얼굴이 없었다. 나는 긴장했다. 질문도 한다는데 무사히 통과할 수 있을까, 하고. 무난히 통과했다. 나는 '불교에서 여성은 평등하다'고 주장했는데, '일체중생이 불성을 갖고 있다'고 믿는 불교도 남성들이, 여성은 열등하다고 반박할 리가 있겠는가.

토론을 끝내고, 뒤풀이할 건데 같이 가자고 한다. 예상하지 않았던 일이다. 기꺼이 따라갔다. 멀리 갈 필요도 없었다. '세미나실 밖은 술집'이었다. 20여 명이 몰려 들어가 맥주와 소주를 가볍게 마시고, 이런저런 얘기를 더 하고 헤어졌다. 매번 이렇게 뒤풀이하는 것 같았다. 나는 따듯한 환영으로 받아들였다.

집으로 돌아오며 신문기자 시절의 퇴근길이 생각났다. 내가 기자를 하던 1970년대는 마이카도 전철도 없던 때였다. 퇴근해서 신문사를 나서면 버스정류장까지 같이들 걸어갔다. 너나없이 주머니가 가벼웠지만 '참새가 방앗간을 그냥 지나칠 수 있나' 하면서 술집으로 몰려 들어가, 시대의 불편과 우리의 현안에 대해 열을 올리곤 했다. 유신독재 정권에 맞서 겁 없이 언론자유를 외치던 낭만 시대였다. 오늘의 뒤풀이가 그 시절의 퇴근길과는 다르지만, 강남 한복판에서 불교 지성인들의 또 다른 낭만을 만난 것 같았다.

다음 달부터 나는 열린논단에 거의 빠지지 않고 참석했다. 매달 셋째 목요일 저녁 6시 30분에 열리다가, 코로나 팬데믹 이후 넷째 목요일 저녁 6시로 바뀌었다. 참석 의사를 밝히고 이메일 주소를 알리면 달마다 소식을 이메일로 보내준다. 자격이 따로 없다. 누구나 와도 된다. 그야말로 '열린' 논단이다. 절에는 법당 크기만큼 신도가 모인다는 썰(?)이 있다. 현대인들은 경제적 이익 추구에 몰두하며 산다. 경제적 이익이 있는 곳에 사람이 꼬이고, 이익이 없으면 인적이 한산하다. 현대판 썰이다. 열린논단에서는 '한국 사회가 지닌 문제를 불교적 관점에서 조명하며 해결 방안을 찾고' '깨달음의 실천'을 고민한다. 경제적 이익 추구와는 거리가 먼 얘기를 한다. 그래서, 누구나 와도 되지만, 아무나 오지는 않는다. 정신적 이익을 추구하는 사람들이 모이는 곳이다. 세미나실 크기만큼만 모인다.

10여 년을 참석해서 지금은 한 달에 한 번 있는 나의 월례 행사가 되었다. 처음에는 어색했지만, 참석하는 횟수가 늘어나면서 불교에 필요한 모임이라는 생각이 굳어져 갔다. 매달의 새로운 발제 중에는 내가 전혀 모르는 것도 있고, 조금은 알겠는 것도 있고, 많이 아는 것도 있었다. 어쨌거나 공부한다는 충만감이 생겼다.

발제가 끝나면 김밥 한 줄로 저녁 식사를 한다. 그리고 조금 전의 발제에 대해 질문하는 시간을 갖는다. 이해가 안 되는 부분에 대한 질문도 있고, 반대 의견도 있다. 날카로운 질문도 있고, 조금 눅쳐서 부드럽게 들이대는 질문도 있다. 가끔 핀트가 안 맞는 질문도 나온다. 노트북을 앞에 놓고 발제 내용을 입력하는 허우성 교수(경희대 명예교수, 전 편집위원장)가 질문의 물꼬를 트면 토론이 진행된다. 첫 질문은 항상 허 교수가 했다. 발제자가 명징하게 대답하기도 하지만 그러지 못한 경우도 있다. 발제와 토론이 만족스러울 때도 있고 불만스러울 때도 있다.

《불교평론》에 시련도 있었다. 2012년 가을호(52호)에서 경허(鏡虛) 선사를 다룬 글이 문제가 되자, 만해사상실천선양회가 폐간을 결정했다. 220여 명의 불교학자들이 폐간 반대 성명을 냈고, 전·현직 편집위원장과 편집위원들이 《불교평론》의 필요성을 주장했다. 무산 스님의 결단으로 2013년 봄호부터 다시 나오게 됐다.

열린논단도 이런 시련을 딛고 한 달에 한 번씩 꾸준하고 진지하게 해 왔다. 지난 100회 동안의 발제 주제를 훑어보며, 불교와 관련해서 이렇게 깊고 다양한 주제를 캐낸 기획자의 안목에 감탄했다. 시간을 들여 진정성 있게 한 일은 사람을 배반하지 않는다. 불교계에서 유일하게 대화의 장을 엮어온 열린논단, '의미'를 넘어 역사가 되리라.

토론까지 끝낸 후 한 코스가 더 있다. 내가 참석한 초기에는 밖에 나가 뒤풀이를 했는데, 그 후 세미나실로 바꿨다. 맥주와 소주, 간단한 안주를 놓고 자유롭게 대화의 시간을 갖는다. 뭔가 미진한 마음, 할 말이 더 있는 것 같은 기분, 발표자와 질문자 사이에 남아 있는 묘한 불편함, 이런 것을 털어내는 시간이다. 초상집에서 술에 취해 떠드는 문상객을 호되게 나무라는 젊은 승려에게, 당대의 고승 신란(親鸞, 일본 정토진종의 개조)이 말했다. "잘못이다. 술은 망우(忘憂)의 또 다른 이름이니."라고(이츠키 히로유키《타력》). 술은 죽음을 애도하는 또 다른 방식이니 너무 나무라지 말라는 이야기다. 그렇다. 술은 때로 약이 되기도 한다. 긴장했던 마음도 풀고, 다 못한 질문도, 답변도 하고, 술김에 안 해도 좋을 헛소리도 해보는 사이 마음들이 너그러워질 것이다. 불편함도 털어내고.

시간이 흐르면서 참석자들 사이에는 연대감이 싹텄다. 데면데면하던 관계가 촘촘해져 갔다. 현재는 이혜숙 박사(불교학자)가 편집위원장을 맡고 있다. 여러 사람이 오랜 시간 만나다 보면 친소가 생기는 게 인간사다. '헤어지기 섭섭하여 망설이는' 인사들이 늘어난다. 끝내고 세미나실을 나오면서, 세미나실 밖의 술집에 몇몇이 모여들기 시작했다. 한 번 더 가볍게 마시면서 만남의 시간을 연장해 보는 거다. 나는 할 말이 점점 없어지지만, 듣는 것은 좋아한다. 사회적 모임이 없어진 내게 열린논단은 사회 연결 창구인 셈이다. 방영준 교수(성신여대 명예교수)는 세미나실 안팎에서 분위기를 아우르는 좌장이다. 관대한 성품을 갖춘 연장자이시다. 덕분에 3차 모임에는 훈훈한 재미가 있다. 코로나 팬데믹 기간에는 열린논단도 안 열렸다. 당연하다고 생각했던 만남이 없어지자, 그 만남이 얼마나 귀한 것이었는지를 깨달았다. 만사가 그렇다. 없어진 후에 그 진가를 깨닫는다. 이제 다시 열려서 다행이다.

마지막으로 꼭 말하고 싶은 게 있다. 열린논단에 발제하러 오시는 스님은 있지만, 발제를 들으러 오시는 스님은 별로 없다. 보통, 스님들은 재가자의 모임에 말하러는 가지만 들으러는 잘 안 가는 것 같다. 삼천사에 주석하는 동출 스님은 항상 들으러 오셨다. 할 말이 없으시다는 얘기가 아니다. 요즈음은 간혹 거르실 때가 있기는 해도 자주 오신다. 열린논단의 누구보다도 귀한 참석자이시다.

열린논단은 불교 논단이다. 우리 불교의 문제점을 논하는 경우가 많다. 문제점을 얘기하며 실망하고 걱정한다. 나는 50여 년을 불교 신자로 살면서 불교계 안팎의 여러 문제점을 봐 왔다. 그러나 나는 낙관한다. 현재가 아무리 염려스러워도 내가 불문(佛門)에 들어온 50여 년 전보다는 달라졌고 나아졌다고. 더 나아지리라고 낙관한다. 올해(2024년) 12월에 《불교평론》이 100호를 낸다. 열린논단도 15년을 해왔다. 정법(正法) 천하를 꿈꾸는 불교 낭만주의자들이 만들어낸 역사다. 그 선두에 홍사성 《불교평론》 주간이 있다.

내가 복전(福田)이 되다

길상사 3천 배 철야 정진 법회에 동참했다. 딸은 회사 출장 중이고, 아들은 같이 간다고 하다가 몸이 아프다고 물러섰다. 나 혼자 갔다.

길상사는 법정 스님이 창건하시고 주석하셨던 아름다운 절이다. 성북동에 있는 이 절에서는 매달 둘째 토요일 밤 8시부터 다음 날 새벽 4시까지 철야로 3천 배를 올리는 법회를 했다. 2004년에 시작하여 16년을 해오다가 2020년 코로나 사태로 중지됐다. 한때는 나도 열심히 다녔다. 적을 때는 30, 40명, 많을 때는 80, 90명의 남녀노소 불자가 모여 밤새도록 절을 하는 법회다. 중간 휴식 시간에 콩나물죽을 조금씩 먹고, 절 수행을 인도하는 박종린 법사가 잠깐씩 법문을 한다. 몸이 괴로워 꾀가 나는 마음들을 격려하기 위해서다.

절은 '나무아미타불'을 염송하면서 그 리듬에 맞춰서 한다. 절은 왜 하는가? 그 의미는 귀의와 참회와 발원이다. 부처님께 귀의하여 몸과 입과 생각으로 지은 잘못을 참회한다. 그리고 극락왕생을 발원한다. 나를 낮추는 몸동작으로 잘못을 참회하는 가운데 마음은 변화하고, 그 과정을 통해 업장은 조금씩, 조금씩 녹아내린다. 겨울 얼음이 봄물이 되듯이. 업장이 녹아내리면 삶도 조금씩 가벼워질 것이다. 그러나 완성은 희망 사항이고, 끝없는 정진이 있을 뿐이다. 오라는 사람도 없고, 왔느냐는 사람도 없는 것이 원래 절의 풍습이다. 그저 저마다의 생각으로 와서 절만 하고 간다. 안면 있는 사람끼리 눈인사만 할 뿐 인사치레는 없다. 저마다의 업장이 있고, 그 업장에 따라 인생 현안도 다 다르겠지.

나는 이 법회가 좋았다. 밤새도록 염불하면서 절만 하는 것이 좋았다. 기도 끝내고 새벽하늘을 바라보는 그 순간의 평화를 좋아하는 것일까? 물론 괴롭다. 달콤한 것만은 아니다. 주저앉아서 다시는 일어나고 싶지 않은 순간들도 많다. 한겨울 밤인데도 법당 문을 열어 놓아야 할 만큼 땀범벅이 된다. 새벽이 가까워져 오면 부처도 나도 너도 걱정거리도

다 사라지고 오로지 절만 남는다. 절, 절을 끝내는 것만이 전부가 된다.

토요일 저녁의 이런저런 사정들을 다 제치고 이곳으로 모여드는 이들이 대견스럽다. 그 속에 끼어 있는 것이 좋다. 내가 조금 맑아지는 듯싶은 시간이다. 하루하루 순간순간 깨어 있으면서 제대로 살아야 하는데 그러지 못하는 나, 밀린 숙제를 밤새워서 하는 심정이다. 공부는 도반(道伴)이 시킨다는 말이 있듯이, 절은 내 힘으로 하는 것이 아니라 옆에 있는 도반들의 힘으로 하는 것이다. 나는 3천 번이라는 숫자는 채우지 못한다. 도저히 따라갈 수가 없다. 내가 할 수 있는 만큼만 한다.

우리 아이들도 이 법회에 같이 가곤 했다. 아이들과 같이 가면 마음이 더 흐뭇해진다. 게다가 운전을 해 주니까 가고 오는 길이 편하다. 그날 처음으로 혼자 가면서 한성대입구역에서 전철을 내려 길상사 앞으로 가는 마을버스를 타려 하니, 그 버스가 없어졌다고 한다. 택시 타기가 싫어서 걸어 올라갔다.

문제는 새벽에 오는 거였다. 마을버스가 없어졌어도 초저녁에는 걸어가면 되었는데, 기도가 끝나고 나니 어떻게 집에 가나 하는 궁리가 생겼다. 절에서 한성대입구역까지 데려다주는 셔틀버스가 있다는데 그것이 어느 시간에 떠나는지, 그리고 한성대입구역에 가면 새벽인데 전철은 다니는지, 겨울 새벽에 혼자서 택시 타기는 싫은데, 집 식구에게 데리러 오라고 할걸, 생각이 많아졌다. 새벽잠을 깨우는 게 미안해서 혼자 올 수 있다고 호기를 부린 것이 살짝 후회가 되었다.

속으로 궁리하고 있는데, 마치 내 속을 들여다본 듯이 뒷자리에서 절하던 보살이, "오늘은 혼자 오셨네요. 아까 불교계 신문 구독 신청할 때 보니까, 용산에 사시데요. 저는 여의도 사는데, 남편이 데리러 올 거예요. 같이 가세요." 한다.

박종린 법사가 휴식 시간에 모 불교계 신문의 재정이 어려우니 구독 신청을 해 달라고 했다. 조금 망설이다가 (이미 구독하고 있는 불교계 신문 잡지가 여러 개 있으니까), 그래도 박 법사가 하는 일인데 도와야지 하는 생각에서 구독 신청을 했다. 그 보살이 나 다음에 자기 주소를 쓰면서 우리 집 주소를 본 것이다. 나는 광화문 어디쯤에서 내릴 생각을 했는데 우리 동네까지 데려다주고 갔다. 보살은 맑고 남편은 듬직한, 보기 좋은 중년 부부였다.

고맙기도 하고 신세를 졌다는 부담감도 남았는데, 다시 한번 생각하니 저들 부부가 얼마나 마음이 좋았을까 싶었다. 기도 끝에 좋은 일을 했으니 '나라도 마음이 흐뭇하겠다.' 하는 생각이 들었다. 고마운 마음만 남겨 두고, 신세를 졌다는 부담감은 버리기로 했다. 내가 그 부부의 복전(福田)이 되기로 했다.

부록

《1974년 겨울-유신 치하 한국일보 기자노조 투쟁사》

외로운 도전, 그 시대의 역사를 되살리며

노조 발기인의 회상

출판기념회 인사말

1974년 12월 10일 한국일보 기자 31명은 전국출판노동조합 한국일보사 지부를 설립하기 위한 발기인 총회를 열고, 서울시에 설립신고서를 제출했다. 회사는 지부장을 해고했고 서울시는 노조의 설립 신고를 반려했다. 한국일보 노조는 법이 인정하는 노조를 설립하자는 의지로 법정투쟁을 시작했다. 7년여의 긴 싸움이었다.

그러나 우리는 끝내 법이 인정하는 노조를 만들지 못했다. 2005년 초, 노조 설립 때 주도적인 역할을 했던 몇몇이, 우리의 투쟁을 기록으로라도 남기자고 '한국일보 '74노조 출판위원회'를 결성하고 책을 만들기 시작했다. 그 결과물이 《1974년 겨울－유신치하 한국일보 기자노조 투쟁사》다. 2005년 12월 10일에 발간하고, 이틀 후인 12월 12일에 프레스센터에서 출판기념회를 열었다.

다음의 글은 한국일보 노조의 대표였던 내가 쓴 발간사 〈책머리에〉이다. 이어서 〈노조 발기인의 회상〉 〈출판기념회 인사말〉을 싣는다. 내 글을 통해서나마 우리의 투쟁을 다시 한번 알리고 싶었다.

• 책머리에 •

외로운 도전, 그 시대의 역사를 되살리며

1974년 12월 10일 한국일보 기자 31명은 전국출판노동조합 한국일보사지부를 설립하기 위한 발기인 총회를 마친 후, 서울시에 노동조합 설립신고서를 제출했다. 유신독재와 언론자유가 첨예하게 충돌하던 그 시기, 언론자유를 쟁취하기 위해서는 무엇보다 기자의 신분보장이 필요하다는 생각에서 나온 행동이다. 그러나 우리의 도전은 첫 출발부터 장애에 부딪혔다. 한국일보사는 지부장을 해고했고, 서울시는 한국일보 노조설립 신고를 반려했다. 유신독재를 유지해야 하는 정권으로서 언론노조는 '절대 불가'였다. 원칙 없이 사주 개인의 생각대로 경영하던 회사는 노조를 거부했다. 정권과 회사는 씨줄과 날줄로 짜인 튼튼한 방패막이처럼 우리의 앞을 가로막았다.

우리는 이 장애를 정면으로 돌파하자는 의지로 법정 투쟁을 시작했다. 지부장 해고는 엄연한 부당노동 행위였으므로 해고무효 확인 소송을 제기했고, 서울시의 설립 신고 반려에 대해서는 행정소송으로 맞섰다. 사법부 이외에도 노동청, 노동위원회, 국무총리실, 우리가 할 수 있는 모든 공공기관에 호소했으나, 우리의 호소를 들어주는 기관은 한 곳도 없었다. 언론노조를 허용할 수 없다는 정권의 의지는 완강한 것이었다. 우리의 법정 투쟁은 7년여를 끌었으나, 결국 법이 인정하는 노동조합을 탄생시키지 못했다.

30여 년이 지나갔다. 그때 노조를 주도했던 기자들, 발기인들은 이제 오륙십의 나이가 됐다. 이미 고인이 된 이들도 있다. 언론계를 떠난 이들도 있다. 한국일보에 남아 있는 기자는 몇 안 된다. 그리고 사람만 가는 게 아니고 우리가 투쟁했던 그 사연도 희미한 추억의 그림자로 잊혀 가고 있다. 심지어는 언론의 역사 속에서도 미미한 존재로 기록되었다. 과연 그래도 되는 일일까.

올해 초, 74년 한국일보 노조를 만들 때 주동적인 역할을 했던 몇몇이 모여 의견을 모았다. 우리의 도전을 기록으로 나마 남기자고. 책장 한 귀퉁이에 밀어놓았던 자료들을 꺼내서 먼지를 털었다. 그때 등사판에 밀어서 만들었던 노조 '회람'은 만지기만 해도 부스러질 정도로 종이가 삭아 버렸지만, 거기에 쓰인 우리의 주장은 젊음의 열정과 패기가 넘치는 것이었다. 무거운 재판 기록 뭉치 속에는 정권과 회사가 합작해서 무너뜨린 한국일보 노조 투쟁의 역사가 들어 있다. 그리고 그 일을 겪었던 이들의 마음의 역사는 각자의 마음속에 있다. 우리의 투쟁을 제삼자의 입장에서 바라보았던 시선도 있다.

아쉬움이 있는 대로 여기에 이 모든 것을 한 권의 책으로 엮어낸다. 이것은 우리의 얘기이지만 그 시대의 역사이기도 하다. 젊은 기자들로 하여금 '노조' 두 글자가 금기시된 사회에서 굳이 노동조합을 만들도록 밀어낸 그 시대의 정치 사회적인 상황은 어떠했는지, 좋은 연봉을 받는 오늘의 현역 기자들은 한 시대를 분노케 한 '기자의 가난'을 상상할 수 있을지, 법적으로 보장받고 또 풍요해 보이는 오늘의 노동운동은 너무 클래식했던 우리의 투쟁을 어떻게 바라볼지, 생각을 거듭하게 한다. 현재 속에 과거가 있고 과거 속에 현재가 있다는 것은 우리가 지금 다시 확인하는 역사의 진리다.

1987년 11월 29일 한국일보의 후배 기자들은 노동조합을 결성했다. 떳떳하게 간판을 내건 언론계 최초의 법이 인정한 노동조합이었다. 후배들은 74년에 결성했던 선대 노조의 정통성을 계승한다고 선언했다. 우리의 도전은 실패했지만 헛되지 않았다. '74노조는 다시 태어났다.

우리는 그때 사진을 찍지 못해 사진이 없는 책을 만들 수밖에 없다. 그러나 후배들 그대들은 10년 후, 30년 후에 사진이 들어간 책을 만들 수 있을 것이다. 선배들의 실패한 역사를 의미 있는 역사로 만드는 열쇠는 이제 여러분의 손안에 있다.

이 책을 감히 지난날과 지금의 언론을 잇는 증언으로, 한국의 언론노동 운동사, 언론사의 기록으로 세상에 내놓는다.

2005년 11월, 이창숙('74 한국일보 노조 대표)

한국일보 '74노조 출판위원회
이창숙 신상석 양평 노서경 박정삼 김영호 조성호

노조 발기인의 회상

이 글을 쓰려고 1974년의 수첩을 들춰보니 "1974년 12월 9일 낮 3시경에 정훈 기자(문화부에 같이 있다가 사회부로 간)가 맥주 3병과 오징어를 들고 찾아와 나를 위로하고 간 후, 저녁 4시 30분경 외신부의 노서경 후배가 찾아왔다"라는 메모가 있다. 그날은 내가 잊을 수 없는 날이다. 그 며칠간 나는, 문화부에 있는 나를 〈주간여성〉으로 발령한 데 대해 심사가 뒤틀려 회사 출근을 안 하고 있었다. 나는 〈대한일보〉 견습기자 출신이다. 결혼 후 〈대한일보〉를 그만두고 6개월간 집에 있을 때 〈주간여성〉이 창간되어 스카우트된 케이스였다. 〈주간여성〉에서 근무하다가 본지 문화부로 발탁되어 간 나를, 다시 〈주간여성〉으로 보냈다. 몇 달 전 이영희 문화부장에게 기사 관계로 항의한 일이 있었는데, 그에 대한 보복성 인사였다.

노서경 씨는 회사의 몇몇 젊은 기자들이 노동조합을 결성하는데, 그 주동자들이 나에게 지부장을 맡아 달라 한다고 전했다. 그리고 지부장이 되면 해고될 것을 각오해야 한다고 했다. 간단히 말하면 내 목을 내놓으라는 얘기다. 그 말을 듣는 순간 심경이 복잡해졌다. 복잡한 심경 속에서 '젊은 기자들이(그때는 나도 젊었지만 나보다 젊은) 의미 있는 일을 하려는데, 내가 여기서 못 한다고 하면 평생 마음의 빚을 지겠구나, 빚을 지는 것보다는 목을 내놓는 게 낫겠다'는 생각이 떠올랐다. 그 '한 생각'으로 나는 노조 지부장 자리를 떠안았다. 그리고 내 직업 인생이 바뀌었다.

그 시기 신문사 편집국은 매일 들끓었다. 중앙정보부 요원은 편집국에 출근하여 유신 정권을 비판하는 기사를 막았고 기자들은 그에 대해 항의했다. 언론 자유의 쟁취는 당시 기자들의 절대 명제였다. 그것을 이루기 위해서 기자의 신분 보장이 필요했다. 게다가 한국일보는 중앙 일간지 가운데 봉급 수준이 가장 낮았다. 당시 한국일보는 봉급도 인사관리도 사주 개인의 생각과 기분대로 운영되는 주먹구구식 개인 회사였다(이번에 모아두었던 노조 회람을 다시 읽으면서 한국일보의 경영 방식이 부끄럽기까지 했다). 한국일보에서는 사주에게 신임받는 것이 가장 중요한 일이었다. 그런 분위기에서 젊고 혈기 있는 기자들이 노동조합 결성을 생각하는 것은 당연한 일이다. 1974년 한 해 동안 신문사 편집국 안팎에서 벌어졌던 사태들을 겪으면서 속이 부글부글 끓었던 나는 이미 후배들의 노동조합 결성에 심정적으로 동의하고 있었던 터였다.

우리가 노조를 결성하고 서울시에 설립 신고를 한 1974년 12월 10일에 나는 해고됐다. 회사 간부가 12월 10일 밤 12시가 지난 시간에(12월 11일 0시 40분경) 광화문우체국으로 급히 달려가서, 회사는 12월 9일 자로 이창숙을 이미 해고했다는 해고통지서를 우리 집으로 우송했다. 지부장이 이미 한국일보 사원이 아니므로 12월 10일에 결성한 노조는 무효라는 주장을 하기 위해서였다. 노조를 결성하면 노조 임원 전체가 해고될 거라는 예상 아래 제2선의 임원까지를 정해 놨는데 회사는 나만 잘랐다. 노조 임원 전부를 해고하면 부당노동행위가 되니까 나만을 해고하는 묘수를 썼다.

노조는 나에 대한 해고가 엄연한 부당노동행위라고 규정

하고, 이를 정면으로 돌파하자는 의지로 해고무효 확인 소송을 제기했다.

길고 지루한 법정 싸움이 시작되었다. 빚진 마음으로 사는 거는 아니라는 소박한 생각으로 목을 내놓았는데, 그때부터 내 목이 내 목이 아니었다. 우리의 목이 되었다. 목이 잘리면 그만인 줄 알았는데 소송 당사자가 되었다. 회사는 나에 대해 각종 혐의를 만들어서 회사 측 증인들을 시켜 증언하게 했다. 내가 특종을 한 일이 회사의 명예를 실추시킨 일로 변질되었다. 나는 무단결근에 무능하고 동료 관계가 좋지 않고 취재 대상을 찾아가 삿대질하는 저질 기자로 추락했다. 나의 직속 상사였던 이영희 부장은 법정에 나와 내가 무능하고 나태하고 무단결근을 떡 먹듯이 했다고 증언했다. 나는 내가 대단히 유능한 기자였다고 자만하지도 않지만, 자정이 넘은 시간에 회사에서 유일하게 잘릴 만큼 무능하고 나태한 기자였다고 생각지도 않는다. 나를 해고한 것은 엄연한 부당노동행위다. 법정에서 이런저런 증언부언을 들으면서 너무 황당하니까 오히려 억울하다는 생각이 들지 않았다. 증언하는 회사 간부들이 좀 안됐다는 생각도 들고, 논리에 맞지 않는 얘기가 우스꽝스럽게 느껴졌다. 사주에게 잘못 보이면 회사 내에서 입지가 어려워지는 분위기에서 어떤 회사 간부가 사주의 요구를 거절할 수 있었겠는가.

한편 문화부의 백우영 기자는 내가 무능한 기자가 아니었다고 증언했다. 같은 부서 안에서 부장과 반대되는 증언을 하기는 쉽지 않은 일이다. 그걸 해준 백 기자의 용기는 우리에게 큰 힘이 되었다. 당시 범여성가족법개정촉진회 실무간사였던 차명희 씨(그 후 한국가정법률상담소 이사장을 지냄)가 서슴없이 법정에 나와서 동 촉진회 회장 이숙종 국회의원의 진술과 반대되는 증언을 해 줬다. 그 고마움은 아직도 잊지 않고 있다.

이것은 어디까지나 싸움이니까 이겨야 했다. 나 개인의 감정이 개입되어서는 안 되는 일이다. 나는 나를 객관화시켜 저쪽에다 세워 놓고 바라보려고 노력했다. 그때나 지금이나 나는 내게 불리한 증언을 했던 회사 간부들에 대해 미운 마음은 없다.

홍성우 변호사(2022년 작고)가 처음부터 무료 변론을 해 주었다. 우리에게 큰 힘이 되는 구원군이었다. 1981년 법정 싸움이 휴면 상태로 들어가기까지 7년여 동안 홍 변호사는 노조의 소송을 맡아줬다. 초심을 끝까지 지켜낸다는 일은 인격이 없으면 어려운 일이다. 홍 변호사는 우리 일을 끝까지 봐주었다. 홍 변호사의 도움이 없었다면 그 긴 싸움을 어떻게 견딜 수 있었을까? 아마 무척 어려웠을 것이다.

우리 가정에도 노조의 풍랑이 닥쳐들었다. 동양방송의 라디오 제작부장이었던 남편(정인섭)이 회사의 상사로부터 압력을 받기 시작했다. 한국일보 사주인 장기영 씨가 주식회사 중앙일보·동양방송의 이병철 회장에게 중재를 부탁했다. 말이 중재지 그것은 간접적인 압력의 부탁이다.

남편은 이병철 회장, 홍진기 사장, 직속 상사에게 수시로 불려 가 회유의 말을 들었다. 태도는 공손하지만 끝까지 시원한 대답을 안 하니까 나중에는 "자네는 자네 마누라한테 어디까지 양보해야 하나?" 하는 핀잔도 들었다. 그 말을 듣는 순간 남편은 '사장님, 그렇지만 회사와 평생 살 수는 없지 않습니까? 마누라하고 살아야지요.' 하는 말을 삼켰다고 회고했다. 남편은 한국일보 10층에 있는 장기영 사주의 사무실에까지 불려 갔다. 이병철 회장과 장기영 사주의 관계로 보아 중앙일보로서는 장 사주의 부탁을 무시할 수 없었으리라. 남편이 그때 홍진기 사장실에서 베껴온 메모를 아직 갖고 있다. 중앙일보 200자 원고지 뒷면에 다음과 같이 적혀 있다. 장 사주가 이병철 회장 앞으로 보낸 메모인데, 그때의 상황을 한마디로 설명해 주고 있다.

1. 1975년 6월 9일 (창간기념일 소급)

9월 19일에 발령

2. 발령과 동시에 별첨 영수증 표본 내용 세 가지 명목으로 금전 지급.

① 479,400(원) – 퇴직 기간 중 생활비 보조 및 위로조

장기영 사주가 지급함, 영수증 장기영 앞으로.

② 338,168(원) – 6월 9일부터 9월 19일까지의 급여.

한국일보가 지급함, 영수증 한국일보 앞으로.

③ 1,000,000(원) – 별 명목 없이 이 회장께서 중재금 조로

희사함. 영수증 이 회장 앞으로.

右 금액 이 회장께서 재량껏 해주시오. 50만 원 줄여도 좋고 늘려도 좋습니다. 실비 50만 원 정도 추산.

3. 右는 발령과 동시에 지급하고 右 금액 수령과 동시에 이창숙이 관련되고 이창숙이 제소한 모든 소를 취하하고 확인함.

4. 右 금액 내용 계산에 이의가 있으면 설명을 듣고 시정하겠음.

이 회장 감사합니다.

회장께 드리는 중재료 1백만 원은 너무 쌉니다.

이상 사실은 폐사에서는 소생 개인만이 알고 있습니다.

압력의 와중에 내게는 두 가지 신념이 있었다. 우리 가정의 일이 노조에 피해를 주어서는 안 된다는 것, 남편이 곤욕을 치르고 있기는 하지만 중앙일보가 남편에게 결정적인 불이익을 주지는 않으리라는 것이다. 동아, 조선이 광고 탄압 사태 등으로 무더기 기자 해직이라는 소용돌이 속에 있고, 한국에는 노조 문제가 있으며, 기자협회를 중심으로 언론 자유의 태풍이 부는 상황에서 중앙일보는 무풍지대였는데, 무엇 때문에 갈등의 불씨를 끌어들이겠는가. 나는 중앙일보 측의 계산을 그렇게 읽었다. 인내심을 가지고 버티면 될 거라는 신념이 있었다. 그때 남편의 입지는 제작부장에서 편성국장으로 승진할 시점이었다. 남편은 나의 신념에 동의해 주었고, 흔들림 없이 버텨 줬다. 노조의 풍랑은 우리 가정을 비껴갔다. 남편은 얼마 후 편성국장으로 승진했다. 남편의 생각대로 그 후 회사는 떠났지만, 마누라와는 살고 있다.

사회운동의 속성이 그렇듯이 한국일보 노조도 시간이 지나가면서 서서히 열기가 식어갔다. 노조 결성 후 하루 만에 160여 명의 기자가 노조에 가입하는 호응을 보였으나, 사내에서 노조 활동은 없고 법정 공방만 장기화하니까 노조원들의 관심이 식는 것은 당연한 일이다. 법정 싸움은 몇몇 주동자들의 일이 되었다. 다들 자기 자리로 돌아가 아무 일 없었다는 듯이 기자직에 종사했다. '우리가 이 싸움을 왜 하는 거지?' 하는 생각이 들 때도 있었다. 법정으로, 노동위원회로, 거부당할 줄 예상하면서도 우리가 할 수 있는 일은 다 해야 한다는 마음으로 뛰어다닐 때, 사무장을 맡았던 박정삼 기자와 단둘이서 다니는 경우가 많아졌다. 점점 외로운 싸움이 되어갔다.

그 가운데 가슴 아픈 일이 생겼다. 외신부의 진경탁 기자가 회사를 떠나게 되었다. 노조의 부지부장인 진 기자가 야근하는 밤에 주은래 사망 기사를 놓쳤다. 기사 하나 놓쳤다고 회사를 떠나야 한다면 회사에 남아 있을 기자가 몇 명이나 될까. 노조의 중심인물을 쫓아내려고 노심초사하던 회사로서는 절호의 찬스였다. 명백한 노조 탄압이다. 어쩔 수 없이 진 기자는 퇴사했다. 우리에게는 동지를 잃어버리는 큰 손실이었다.

나에 대한 해고무효 확인 소송은 1977년 8월 23일 대법원에서 승소하여 고법으로 파기환송 됐다. 대법원이 나에 대한 부당노동행위를 인정했다. 그런데, 한국일보는 고법에서 재판이 다시 시작되기 직전 묘수를 짜냈다. 자진 폐업 신고를 내고, 1977년 12월 31일 자로 한국일보의 모든 직원을 해임했다. 회사를 주식회사 체제로 바꾼 뒤, 다음 날인 1978년

1월 1일에 해임했던 전 직원을 다시 임용했다. 나만 빼놓고. 머리 많이 굴린 묘수다. 이 재판의 결과는 뻔했다. 1980년 9월 30일 대법원은 '1977년 8월 23일 대법원이 나에 대한 해고가 부당노동행위라고 판결했으나, 그 후 한국일보가 회사 체재를 바꾸면서 나를 해고한 것은 적법'이라고 판결했다. 나에 대한 민사소송은 이렇게 끝났다. 이런 경우 나의 입장을 표현할 수 있는 말이 어떤 게 있을까?

우리의 싸움 대상은 한국일보였지만 그 뒤에는 정권이라는 실체가 있었다. 우리는 유신정권이 바뀌면 상황도 바뀔 수 있을 거라고 기대했다. 그러나 5공의 출현은 산 넘어 산이었다. 사무장으로 노조를 등에 지고 살다시피 했던 박정삼 기자가 기자협회의 '언론검열 철폐 및 신문 제작 거부 운동'에 선언문을 쓴 것이 발각돼 1980년 5월 17일 군부에 체포되어 3년 형의 옥고를 치렀다. 박 기자의 옥고로 우리의 활동은 위축되었다. 이 정권 아래서는 희망이 없다는 판단 아래 1981년 7월 고법에 계류 중이던 행정소송에 대해 소송 절차중단신청서를 제출했다. 사실상 노조는 거기서 끝났다.

30대 초반에 신문사에서 쫓겨난 여기자는 그 후 어떻게 살았을까. 1981년 법정 싸움이 휴면 상태로 들어가기까지 내가 할 수 있는 일은 아무것도 없었다. 한 신문사에서 취직 제의를 받았으나 노조 소송이 계류 중인 상황에서 다른 신문사로 출근할 수는 없는 일이다. 납득할 만한 상황 변화가 있기까지 나는 꼼짝할 수 없는 몸이었다. 그 시기에 내가 할 수 있었던 일은 당시 YH 사건, 동일방직 사건 등 격렬했던 노동 투쟁의 현장에 견학(?)하러 가는 거였다. 나는 노동운동에 대해 확고한 의식을 가지고 노조 지부장이 된 게 아니라 갑자기 노조 지부장이 되어 서서히 의식화되었으니까. 그때 많이 보았다. 격렬한 노동운동의 현장도 보았고, 노동운동뿐만 아니라 '운동권'의 현장도 보았다. 노동운동이라고 해서 운동권이라고 해서, 다 순수한 동기에서 나온 행동은 아니라는 것도 알게 되었다. 노조 지부장이라는 나의 타이틀이 장래 자기의 정치적인 목적에 쓸 만하다고 여겨 탐을 내는 모습도 보았다. 참 씁쓸한 얘기다. 신문기자니까 사회를 잘 알고 있다는 생각이 얼마나 모자라는 짓인지도 깨달았다. 한마디로 인생 공부를 시작했다.

그때 모든 노동자가 그냥 '어머니'라고 부르던 전태일의 모친 이소선 여사도 뵌 일이 있다. 전태일의 분신을 얘기하는 소모임이었다. 아들의 분신 소식을 듣고 수유리에서 청계천으로 오면서 택시를 뿌리치고 버스를 타고 왔다고 했다. 그냥 허겁지겁 뛰어가면 안 될 것 같았다고 했다. 참 대단한 어머니다. 전태일이 그냥 전태일이 아니구나. 나는 거기서 한 수 배운 게 있다.

초기에 어떤 목사님이 내게 물었다. 어떤 신념으로 견디느냐고. 나는 "앞으로 몇 년 동안이라도 버텨서 이겨내겠다고 장담은 못 하겠습니다. 오늘 하루 버틸 수 있으니까 버티고, 한 달 버틸 수 있으니까 버티고, 일 년 버틸 수 있으면 버티는 겁니다."라고 대답했다. 목사님은 그게 정답이라고 말씀했다. 나는 끝까지 버텨내고 말았다.

나는 노동운동이 아이들의 땅빼기 놀이처럼 되어서는 안 된다고 생각했다. 올바른 본성에서 우러나오는 원칙에 의한 것이어야 하며, 서로를 살리는 상생의 운동이 되어야지 한쪽을 망하게 하거나 핍박하는 것이 되어서는 안 된다고 생각했다. 그 생각은 지금도 변함이 없다. 또 자연스러움이 없고 지나치게 당위성과 명분에 집착하다 보면 결국 이중적으로 될 수밖에 없다. 그러다 보면 자기를 속이고 남을 속이게 된다. 그때 나는 노동운동 쪽으로 내 진로를 바꿀 수 있었으나 그러지 않았다. 나는 내가 그럴 만한 위인이 못 된다는 것을 잘 알고 있었다.

많은 이들이 물심양면으로 후원해 주었다. 1974년의 수첩에는 내게 성금을 보내준 개인과 단체의 이름과 액수가 적혀 있고 그 돈을 내가 어떻게 썼는지도 적혀 있다. 말하자면 성금 출납부라고 할까. 여기에 그 이름을 다 밝힐 수는 없지만, 그분들이 내게 보낸 성원은 끝까지 씩씩하고 떳떳하게 해내라는 무언의 압력이었다고 생각한다.

신인령 씨(2002~2006 이화여대 총장 역임)가 '크리스찬아카데미 사건'으로 옥고를 치르고 나온 지 얼마 안 되는 시점에서 〈한국일보사 노동조합의 법정투쟁 사례연구〉를《이우정 선생 회갑 기념 논문집》(1983, 한신대학 출판부)에 썼다. 우리의 노조 운동을 노동법 학자의 시각에서 조명한 의미 깊은 논문이었다. 언론계에서조차 관심 밖으로 밀려나기 시작한 우리 노조에 관심을 기울여 줬다.

1981년 이후 법정에 갈 일도 없어지고 나도 사십 대 초반으로 접어드는 나이였다. 이제 신문사로 돌아갈 희망은 없어졌다. 뭔가 나도 내 일을 하긴 해야 하는데 하는 막연한 생각으로 하루하루를 보내는데, 나를 잘 아는 어떤 분이 불교 공부를 해보라고 권했다. 학교에 들어가서 하라고 했다. 내게 여러 번 권했는데 내가 듣지를 않더라고 했다. 그 가을에는 그 말이 내 귀에 들어왔다. 나는 30대 초반부터 불교 신앙을 갖고 있었다. 나를 잘 아는 사람이 여러 번 한 말이면 그냥 무시해서는 안 되겠다는 생각이 들어, 가끔 찾아뵙던 스님께 찾아가 의논했다. 스님이 말씀했다. "10년 후의 보살님을 생각해 보십시오. 공부한 보살님과 공부를 안 한 보살님이 같겠습니까?" 그 말 한마디에 걸려서 대학원 입시 준비를 시작했다. 1982년 동국대 대학원 불교학과 석사과정에 입학해서 1994년에 박사학위를 받고, 몇 년간 시간강사로 동국대에서 강의했다. 기자로 시작한 내 직업 인생은 대학교 시간강사로 끝을 맺었다.

나의 직업 인생을 놓고 볼 때 나는 잃은 것이 있다. 얻은 것도 있다. 내 친구 중에는 내가 직업에서 좌절했다고 말한 친구가 있다. 박사학위를 받았을 때 '오십에 바다를 본 거'라고 축하해 준 친구도 있다. 박사학위가 문제가 아니라 불교 공부를 한 것은 크게 얻은 일이라고 생각한다. 얻은 것과 잃은 것이 무엇이건 내가 선택한 것은 모두 내 것이지 남의 것이 내게 와서 붙은 것은 없다. 잃은 것이 있다고 하여 누구를 원망하지 않았다. '마음의 빚을 지면 안 되겠다는 한 생각'도 내 것이었고, 그보다 앞서 후배들에게 노조 지부장으로 지목된 이유도 내 것이다.

그때 주동자 중의 한 명인 후배에게 내가 물었다. 왜 나를 지목했느냐고. 요즈음은 어떤지 모르나 그 시대에는 견습기자 출신 간의 유대감이 대단해서 견습 출신 아닌 기자들이 소외감을 느낄 정도였는데, 그 쟁쟁하던 선배들은 다 어디에 두고 나를 지목했느냐는 뜻이었다. 몇몇 선배들에게 제안했는데 다 고사했다고 한다. 내가 이영희 문화부장에게 기사 관계로 항의한 일을 보고, 이 선배라면 노조 지부장을 해낼 수 있으리라고 판단했다고. 기자가 데스크에 항의하는 일은 얼마든지 있을 수 있는 일이다. 그러나 이영희 문화부장의 경우는 장기영 사주의 신임이 두터운, 요샛말로 실세 부장이어서 감히 아무도 건드리지 못했다. 그 앞에서 아첨하는 모습들을 심심찮게 봐왔던 터다. 힘없는 여기자 하나쯤 마음에 안 들면 밀어내는 것이 일도 아닌 그런 부장에게 감히 '왜 이렇게 부당하게 하느냐'고 따지다니. 내가 어떻게 비쳤는지 짐작할 수 있는 일이다. 그러고 보면 얼마나 리얼한 인과인가.

이 글을 쓰기 전에 노서경 후배가 내게 그랬다. 단호하게 말하라고. 그동안 내가 겪은 일들을 옆에서 봐 온 노서경 후배가 이참에 한마디 하라는 조언이다. 그런데 육십이 넘어서 30여 년 전의 일을 쓰면서 단호하게 할 수 있는 말이 무엇이 있을까? 나의 마음이 많이 달라졌는데. 오히려 그럴 수 있다면 아무 말도 안 하고 싶다. 혹시 〈바베트의 만찬〉이라는 영화를 보신 일이 있는지? 파리의 일류 요리사였던 바베트는 파리 콤뮨으로 가족과 직장을 잃고 덴마크의 외진 어촌에 흘러들어와 하녀 살이를 하다가 복권 당첨으로 거금을 얻는다. 하녀 살이를 면할 수 있는 거액인데 바베트는 그 돈을 몽땅 털어 마을 사람들을 위해 한 끼의 만찬을 마련한다. 생전에 프랑스 요리는 근처에도 못 가 본 마을 사람들은 바베트가 만든 최고의 요리를 먹으면서 행복감에 젖어, 드디어 평소에 반목하던 마음들을 풀고 화해한다. 만찬이 끝나고 마을 사람들은 마당에 나가 윤무를 춘다. 그 시간 바베트는 부엌 의자에 방심한 듯 앉아 한 잔의 커피를 마신다. 그 한 잔의 커피처럼, 그렇게 나의 말을 꿀꺽 삼켜버리고 싶은 게 솔직한 심정이다. 그러나 그럴 수도 없는 게 우리가 사는 세상인가 보다.

기왕 판을 벌인 김에 한 마디 사족을 붙이자면 아쉬웠던 점들이 있다. 그때 우리는 왜 법에만 매달렸을까. 힘을 모아 한판 해볼 수는 없었을까. 너무나 책상물림다운 대응이 아니었나. 아쉬워도 돌이킬 수 없는 일이다. 그것이 그 시점에서 우리의 최선이었고 나의 진실이었으니까.

위에서 언급한 여러분들에게 '정말 고마웠습니다'라고, 인사의 말씀을 올린다.

어려운 시대를 함께 보내며 의미 있는 일에 도전했던 한국일보 노조의 후배 기자들!

30여 년 동안 끈끈한 인간관계를 놓지 않고 오다가, 오늘에 이르러 늦게나마 우리의 기록을 남기자는 뜻을 모을 수 있으니, 비록 법이 인정하는 노동조합을 만드는 데는 실패했으나, 우리는 인생의 동지다!

출판기념회 인사말

추운 겨울 저녁입니다.

연말이라 여러 가지 일정이 많으실 텐데, 참석해 주신 언론계의 선후배 여러분, 공직에 계신 여러분, 그리고 지인 여러분, 참석해 주셔서 고맙습니다.

정말 오래간만에 뵙는 분들도 계시는데, 반갑습니다.

한 시대를 살면서, 특히 그 시대의 정치 사회적인 상황이 사람들의 마음을 부글부글 끓게 만드는 모순의 시대일 경우, 사람들은 각기 다른 반응과 태도를 갖습니다.

그 모순을 개선해 보려는 참여의 마음도 있고 그러거나

말거나 하는 무관심도 있습니다. 참여는 하지 않지만, 무관심한 것도 아닌 태도도 있습니다.

그 모순을 개선해 보려는 의지를 가진 사람들에게는 그 일이 설사 달걀로 바위를 깨려는 것과 같이 어찌 보면, 참 어리석어 보이기까지 하는 시도일 경우에도 그 일을 하지 않을 수 없게 밀어내는 알 수 없는 힘이 작용합니다.

오늘 우리가 만들어 여러분 앞에 내놓는 이 책은, 그 모순을 개선해 보려는 의지로 가만히 있을 수 없어서 뛰쳐나온 젊은이들의 행동 기록입니다.

그런데, 한참 살다 보니까 깨닫게 된 것이 있습니다.

같은 시대를 살았어도, 그 일을 겪지 않았거나 그 시대의 정치 사회적인 상황에 무관심했던 사람들에게는 그 일이 아무 의미가 없다는 것입니다.

그래서 그 일은 잊혀 가고 있습니다. 그 일의 진정한 의미가 어떻든 간에요.

그러나 잊혀서는 안 되는 일들이 있습니다.

언론의 역사에서, 74년 한국일보 노동조합의 성공하지 못한 역사는 잊혀서는 안 되는 역사입니다.

저 개인적으로는 이미 그 시대의 일과 화해를 했습니다. 다 소화되어서 찌꺼기가 별로 없습니다.

그러나 제 개인의 화해가 어찌 되었든 그게 중요한 것이 아니라, 우리가 했던 일이 잊혀서는 안 된다는 것이 중요합니다.

그 시대의 언론투쟁을 말하지 않고, 오늘의 언론을 말할 수는 없는 거지요.

오늘 내놓는 이 책은 부족한 점이 있습니다. 그래도, 가져가셔서 책장에 그냥 꽂아 놓지 마시고, 읽어 주십시오.

오늘, 이 모임이 책을 만든 저희에게는 의미 있는 모임입니다만, 여러분들에게도 헛되지 않은 모임이 되었으면 좋겠습니다.

감사합니다.

낮은 가지에서도 꽃은 피더라

초판1쇄 인쇄 2024년 6월 16일
초판1쇄 발행 2024년 6월 26일

지은이 | 이창숙
펴낸이 | 김향숙
펴낸곳 | 인북스
등록 | 1999년 4월 21일(제2011-000162호)
주소 | 경기 고양시 일산서구 성저로 121, 1102동 102호
전화 | 031) 924 7402
팩스 | 031) 924 7408
이메일 | editorman@hanmail.net

ISBN 978-89-89449-97-3 03810

값 16,000원
잘못된 책은 바꾸어 드립니다.